周末

学打

高尔夫

周末学打高尔夫

（英）爱德华·克雷格 著

葛 莉 译

辽宁科学技术出版社
沈 阳

First published in 2005
Under the title Learn to Play Golf in a Weekend
by Hamlyn, an imprint of Octopus Publishing Group Ltd.
2-4 Heron Quays, Docklands, London E144JP

©2008，简体中文版权归辽宁科学技术出版社所有。
本书由英国Octopus出版公司授权辽宁科学技术出版社
在中国独家出版简体中文版本。著作权合同登记号：
06-2008第58号。

图书在版编目（CIP）数据

周末学打高尔夫／（英）爱德华·克雷格（Craig, E.）
著；葛莉译.—沈阳：辽宁科学技术出版社，2008.9
ISBN 978-7-5381-5486-3

Ⅰ.周…　Ⅱ.①爱…②葛…　Ⅲ.高尔夫球运动-基本知识
Ⅳ.G849.3

中国版本图书馆CIP数据核字（2008）第075282号

出版发行：辽宁科学技术出版社
　　　　　（地址：沈阳市和平区十一纬路29号　邮编：110003）
印　刷　者：恒美印务（番禺南沙）有限公司
经　销　者：各地新华书店
幅面尺寸：260mm×194mm
印　　张：8
字　　数：150千字
印　　数：1-5000
出版时间：2008年9月第1版
印刷时间：2008年9月第1次印刷
责任编辑：风之舞
封面设计：张　丹
版式设计：何　祚
责任校对：周　文

书　　号：ISBN 978-7-5381-5486-3
定　　价：68.00元
联系电话：024-23284367
邮购热线：024-23284502
E-mail：lkdwhz@mail.lnpgc.com.cn
http://www.lnkj.com.cn

目 录

简介

尼克·费度从14岁开始打高尔夫球。看到史上最伟大的高尔夫运动员杰克·尼克劳斯赢得了1972年的美国大师杯，尼克这个年轻人开始尝试这项运动。后来，费度发现自己非常适合这项运动，而且赢得了6项锦标赛的冠军，自己也成为了一名伟大的高尔夫运动员。无论是什么原因使你开始这项运动，过程中都将充满激动和兴奋。虽然你不一定会赢得专业比赛的奖金，也不一定会赢得朋友间打赌的筹码，但是可以保证的是，你将拥有愉快的经历，一些有益的挫折和无穷无尽的挑战。

学会一项新事物是一种很好的情感体验，会有接触一项新事物的兴奋感，然后，当你发现事实并不像你想象的那么简单时会有一些挣扎，接下来就是当你发现自己可以通过努力而掌握了这项技术的成就感和满足感。任何年龄的高尔夫球手都会经历这个过程。

从事高尔夫这项运动会让你更能感受到心情好到极点的愉悦，而沮丧时心情也会坏到极点，以及成功时无法衡量的满足感。这就是为什么高尔夫会成为数百万人选择的娱乐消遣方式，也是为什么高尔夫会比其他任何运动都有更广泛的副产品的原因。在任何一个国家都可以打高尔夫，无论男人和女人都可以平等竞争。无论你是年老还是年轻，只要能走路，就可以参与这项运动并享受其中的乐趣。

这项运动的概念很简单：用最少的杆数把球打进洞里。但是，在实际操作上却十分需要技巧。学习新事物的最好起点是从基础开始。这些都是教你如何享受这项运动的最大乐趣而经历最少挫折的关键所在。

其实，打高尔夫球并不像你想象的那么复杂。本书会用最通俗易懂的语言来阐释高尔夫的基本原则。通过这些循序渐进的讲解和清晰的指导，你就能学会如何正确地完成这些最基本的动作——如何根据球位调整站位，如何握杆以及如何挥杆。

但是高尔夫不只是简单的挥杆，还要知道如何推杆，什么是起扑球，如何处理沙坑区和粗草区，如何掌握风速以及更多的技术知识。本书列举出了击球的基本原则，并透彻地讲解了相关的术语，还介绍了如何处理你在打球过程中可能会听到的、同伴所给出的一些互相矛盾的建议。

然而，这项运动并不是一种科学。有一些指导方针会告诉你如何将你的实力发挥到极致，但是每次挥杆都是独一无二的，每个高尔夫球手的打球方法也是不一样的。本书会把最基础的技术规则用简单而容易接受的方法介绍给大家。

所以，无论你的能力如何，无论你是否想尝试这项运动或是要通过这本书而使自己的技术更精湛，在这本书里都能找到你感兴趣的和有用的信息。在这个周末结束时，我希望你会像那些成千上万的高尔夫球手一样痴迷于这项运动，和他们一样的生活、梦想和承受同样的事物。

开始之前

基础知识

想要学会高尔夫这种古老的运动并不难，要正确地掌握各种基本技能才是在球道上取得成功的关键。基本的握杆和挥杆是初学者首先要学习的。

高尔夫运动

欢迎参加高尔夫运动一族。你做了个勇敢的决定，选择所有运动项目中最优雅的高尔夫其实并不容易。你要准备接受烦恼、挫折、气愤的情绪，但是更重要的是要准备好接受那些停不住的乐趣。

历史学家会争论这种引人入胜的运动是起源于荷兰还是起源于苏格兰，但是有一点是可以肯定的：在五百多年前的某天，某人突发了一个十分聪明的想法，把一个圆形的、像球一样的石头用棍子打进洞里。他的同伴和他打赌看谁能够用更少的次数来把石头打进洞。而这项运动现在已经衍生出了价值数百万英镑的工业企业，精心修剪过的球场，相关装备的科学研发，官方组织和高尔夫俱乐部，但是高尔夫这项运动依然沿袭最基本的规则：球—杆—洞。

一旦你掌握了基本规则，高尔夫这项运动并不难学会。把最简单的知识正确掌握，你就能非常迅速地学会如何挥杆以及达到一个享受运动过程的水平。在本书中

的"第一天"里，我会集中讲解一些基础知识，可以让你在今后的学习中一直保持一个良好的状态。没有哪个优秀的高尔夫球手的基本技能是很差的，所以过了这道关，你就已经在征服高尔夫这项运动的道路上走了一半了。

首先，也是最重要的，我们来看看你是如何握杆的。如果能正确地握杆，就可以避免一些甚至是有经验的高手也会遇到的问题。用正确的姿势站在球旁，从正确的位置击球，把这些姿势练习成你的习惯，这样你就有了一个良好的开端。

其次，我们来看看基本的挥杆姿势：第一个动作，上杆和挥杆出球。过分分析什么是自由滑动、反作用和自然动作都是很危险的。在第一天结束时，你会对如何击球和这项运动的基础知识有一个基本的了解。

球场

标准的高尔夫球场是由很多元素构成的。首先，要

好的球杆并不是太贵，它们能使用更长的时间而且能使运动更有趣。

有俱乐部会所，你可以在这换衣服，做准备，吃东西以及做赛后分析。你可以找一家专卖店，那里的驻店教练通常能够给你提供专业而有针对性的运动建议以及关于球场的建议，还能举办一些关于高尔夫的讲座，并出售球具，这些教练通常也是这方面公认的权威。

球场可以是18洞也可以是9洞的。每个球洞都有一个"标准杆"。这就是职业球员在特定的洞应该击球的数量，分为三杆洞、四杆洞和五杆洞。每个球场都有一个总的"标准杆"，也就是职业球员总共需要击球的数量，通常是72杆。

每个洞都有一些基本元素。你要从开球台上开始，开球台是一个有标记的平面，要从这里开始第一次击球。大多数的球洞都有"球道"，是一片修剪过的草坪，通常是做第二次击球的地方，除非是在比较短的三杆洞打球或者可以第一击就能打到果岭。如果你错过了球道，就会把球打到"粗草区"，也就是更长一点的草

坪，粗草区能把你的球陷住，使你无法干净地击球。粗草区由于草的长度的不同而不同，通常是离球道越远的草皮越厚。然后，你就到达了"果岭"，这是一个修整得很平滑的地区，上面的草很短，有一个球洞。在果岭上只能用推杆击球，这样才能避免造成草痕（在草坪上留下的损坏痕迹）。果岭上和球道上都可能有"沙坑"（相当大的、用沙子填上的坑），是设计用来陷住球并以此给比赛增加难度的。球场上还可能有小溪、池塘或湖泊这样的水障碍，如果不幸将球打到水里，你可能会受到相应的惩罚。

这是球场和俱乐部的基本组成部分，但是还有许多的规则和行为方式需要了解，所有这些使高尔夫这项运动成为安全的、愉快的、公平的以及富有竞争性的运动。总之，你还是要尽可能用最少的杆数把球打进球洞！

如何选择球场？

球场的种类由于与众不同的挑战和变化而分成很多种。经典的球场是滨海球场，有用海边的沙子堆起来的沙丘。据说，最初的高尔夫比赛就是从这样的场地开始的。其他类型的场地有公用场地，以树木做分界线的内陆场地；周围种满灌木的场地；以及遍布全美并且在欧洲正在逐渐发展的度假村球场。还有一些有浅浅的大沙坑，一些有水障碍和宽球道的人造球场。大多数的高尔夫球手会比较偏爱某一种类型的球场。正是这种丰富以及多样化才使这项运动能在全世界的范围内都受到广泛的欢迎。

规则

高尔夫是一种规则性很强的比赛。《规则手册》（Rules Book）本身就是一本非常好理解的书，但是对于在比赛过程中发生的特殊情况迫使R&A（皇家古典高尔夫协会，是全世界高尔夫运动的官方组织，位于苏格兰的圣安德鲁斯）出版了《高尔夫球规则范例》（Decisions on the Rules of Golf），其中列举出了R&A对于这项运动过程中出现的复杂情况的处理办法。

买一本有高尔夫规则详细介绍的图书并仔细浏览一遍。高尔夫有34条规则，分成若干小部分、附录和笔记。其中涵盖了从装备到在障碍区的罚杆等各种情况。在开始新一轮打球之前一定要对规则有所了解，这样你不仅可以知道在什么时候违反了规则，而且可以知道如何规避处罚以及如何更好地利用规则。

下面提到的三种基本原则是应该牢记的：

● 根据球位打球

● 按照场地来打球

● 最后，如果有疑问，用公平的方法处理

正是这种规则性使得高尔夫成为一项让人尊重的运动。高尔夫是一项要求自律的运动，所以作弊是不可原谅的。参与人必须承认所有的犯规行为，而且要自己申请罚杆。如果做不到，会被其他高尔夫球手耻笑的。

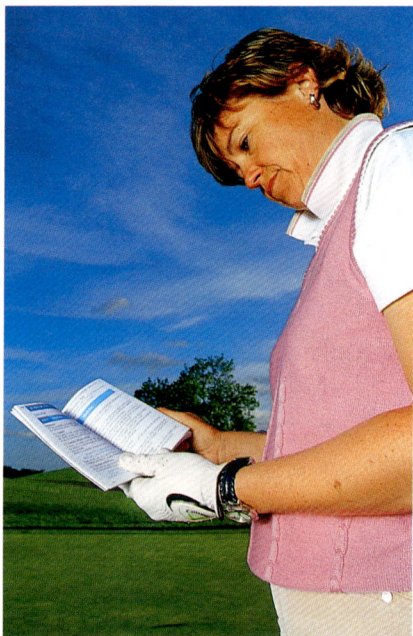

一定要了解由R&A和USGA（美国高尔夫协会）所制订的规则，这两个组织都是高尔夫运动的官方组织，负责全世界数百万高尔夫球手的管理。

高尔夫礼仪

打高尔夫球是一个愉快的过程，不会像其他运动有来自外界的侵扰，因为它有严格的行为规范——高尔夫礼仪。礼仪使球手自动申请处罚，使比赛可以安全地进行而且保证你能理智地面对对手。下面是在球场上必须遵守的几条基本礼仪：

● 其他球手击球时不要发出声音。而且要保持绝对的静止，不能站在正在击球的对手的正后方，无论你是在果岭、球道或开球台上。

● 击球要快——不要阻挡后面的团队打球，也不能接触到前面的团队。击球时可以花费适当的时间，但是在每一杆之间的行走速度要轻快——慢速击球在高尔夫比赛中是最让人愤怒的行为。如果你阻挡了后面的团队，要让对方先击球。

● 修复草痕和果岭上的球痕（球落在果岭上留下的

高尔夫的礼仪要求你在离开球场前修复你造成的任何草痕和果岭上的球痕。

痕迹），用沙耙平整你所处的沙坑。

● 不要把球袋放在果岭或开球台上。如果要在果岭上击球，最好把球袋放在下一个开球区来节省时间。

接触高尔夫运动后，你就会很快了解其相关的礼仪规则，但是我建议你提前阅读本书第12~13页所列举的10条主要规则。当你第一次踏上球场，这些规则会帮你击出笔直而准确的球。

很多球场都有着装要求，所以如果你要去一个新球场，最好不要穿牛仔服和软运动鞋。打球时最好穿着合适，因为这是一种规则性的比赛。穿得正式些会让你在比赛时更有信心。

最后，打球时要注意安全。即使后面一组球手已经等在那了，也要等到前一组球手离开你的击球范围以后

再打球。挥杆之前要确认在球杆或球可能伤害到的范围内没有人。如果球前进的方向上有其他的团队在附近，要用最大的声音高喊一声"小心"（FORE），这样他们有机会躲避危险。

规则和礼仪这些古老纪律的实施可能看上去会减少比赛的乐趣，但是，你打球的次数越多就会越感受到这些规则的重要性。

对手击球时，要安静地站在一旁，否则，会打扰其打球。不要站在正在击球的球手的正后方。

高尔夫球的10条黄金法则

罚杆

违反规则要处以的罚杆会随着比赛类型的不同而变化。如果你参加的是比洞赛（详见术语解读），处罚会和比杆赛的罚杆不同。所以你在记分卡片上标上失误或把这个洞让给对手之前，要确定自己实施了正确的罚杆。

在开球台上

1 球袋

在竞赛或比赛过程中只允许在球袋中携带14根球杆。如果不小心在球袋中多留下了一根推杆，从而使球袋里的球杆数变为15根。那么在你参加比洞赛时会由于每个洞使用的球杆的错误而丢掉比赛。如果是比杆赛，你会由于携带了额外的球杆而在每个球洞都被处以2杆的罚杆。最著名的一次就是球手伊恩•伍斯那姆2001年在皇家利森和圣安尼斯球场举行的英国公开赛上，就在他刚刚领先的情况下，两杆的罚杆

（他是在第二洞发现错误的）使他与冠军擦肩而过。

2 优先权

优先权就是指谁有权首先从球梯上开球，通常属于在上一个洞成绩最好的球手。如果你在比洞赛中没有按顺序击球，对手可以要求你重新击球但是不用罚杆。在球道或果岭上时，优先击球的是离球洞最远的球手。

3 暂定球

如果你的击球力度过大，而且无法确定能否找到球，不管是在开球台上还是球场上的其他地方，你都可以申请暂定球。你可以从同一个地方再击一次球，之后有5分钟的时间从开球的地方去找到初始球。如果找不到初始球，就要宣布球遗失，而要先罚两杆再击打暂定球，这就意味着你要打四杆球。

4 出界

如果你在开球台上的第一杆或

在球场内的任何一次击球把球打出了界线以外，你将不能进行下一个环节，而是必须重新从原地击球并罚一杆。

5 障碍区

从沙坑或水池这样的障碍区击球的主要规则是，在击球前不可以把球杆放在地上，即使你在等待击球时想以球杆为支撑休息一下也不可以，那样是违背规则的，在比洞赛和比杆赛中都要处以一次罚杆。在沙坑里，不管你是要上杆还是在练习挥杆都不能让你的球杆碰到沙子。

如果你对能否移动球有疑问，那么就在球原来的位置击球吧。

6 不能击打的球

如果你认为球在一个无法击打的位置而且也不能梦想对这个球有任何的接触或进行恰当的击球，就可以认定这是个不能击打的球。这种情况下，你有三种抛球的选择：

● 把球抛向与两个球杆长度相当的远方，但是不能抛向球洞的方向。

● 在使自己陷入更糟的困境之前，选择从原始位置重新击球。

● 在球洞和球之间想象一条虚线，然后把虚线延长，超越球的位置，你可以把球抛向你希望的远处。

抛球的罚杆为一杆。

7 固定障碍物

球的落点可以在树后、沙坑或水里，而且你还得勉为其难地继续击球。但是如果你的球停在人造障碍区附近，比如洒水装置的莲蓬头或地上的柱子，如果障碍物阻挡了你的挥杆或站位，你可以做一次自由抛球。

8 水障碍区

如果球掉到了水里，你有三种选择：

● 继续击球——这种情况只能适用在浅水区，而且是下策。

● 从原来的位置重新击球。

● 从球的落水点沿线将球向后抛出相当于两个球杆长度的距离。如果是侧面水障碍——通常在球洞的一侧并有红桩标记——允许你在对岸抛球，但是抛球后的球位与洞口的距离不得近于原球最后通过水障碍的那一点。在任何情况下都不能把球抛向靠近洞口的球位。无论是在比洞赛还是在比杆赛中，把球打到水里将会受到罚一杆的惩罚。

果岭之上

9 果岭上的标记

在推杆区你可以标出球的位置，将球拿起并擦拭干净。如果你的标记在别人击球的球线上，你可以用推杆头的长度为计量单位将球向侧面移动，但是要保证从原球点推杆击球，否则，会被罚杆。你可以把推杆线路上的沙子擦掉，修补好球痕，捡走树枝和树叶，但是绝对不能留下钉鞋的痕迹。

10 旗杆带来的麻烦

如果你的球在推杆区，在进洞的过程中绝对不能接触到路线上的旗杆。这就是说，只要你能看到球洞，击球之前就要把旗杆移走。如果要打出一个远距离的推杆，可以请你的同伴或球童帮忙，在球到达球洞之前把旗杆移走，否则，会被处以两杆的罚杆。

如果在果岭上推杆，你的球绝对不能碰到旗杆。

其他规则

当地规则 在任何一个球场，都会有一些地方的边界、障碍区或其他的情况界定不清楚。比如，如果球是沿着水障碍的岸边前进，那么能说这个球出界了吗？在俱乐部的记分卡后面都会印上一份《当地规则》，向球手介绍这个球场对于一些常见情况的相关规则。在打球之前一定要注意一下这些规则，这样你才能对要遇到的挑战有个全面的了解。通常你能将这些规则为己所用。

冬季规则 俱乐部会指定相关的冬季规则。这是一种保全措施，同样也是在球场条件恶劣的情况下保证球赛更公平进行的一种方法。冬季规则允许球手在球道上改变球的位置，通常你可以在击球前把球拿起擦拭再把球放回原处，当然，不能把球放在离洞口更近的位置。

装备

高尔夫球袋里都有什么

　　高尔夫球杆并不像你想象中的那么贵，一套球杆可以使用很长时间，所以任何原始的投资都是对你的高尔夫未来的投资。

1号木杆

　　这是球袋里最让人兴奋的球杆——长球杆，能帮你把球打得更远。现在这种球杆通常用一种轻质的钛金属制成，杆头很大。杆面斜度在7°~11°之间。杆面斜度越大，击球距离越远。

术语解读

　　杆面斜度：杆底平贴于地面时，球杆与垂直方向形成的角度，这决定了球的飞行方式。

　　杆头：球杆的一部分，通常是用来击球的部分。

　　杆身：球杆上连接握把和杆头的部分。

　　用来击打远距离球的1号木杆和不同重量和型号的其他木杆是球袋中最令人兴奋的球杆。

典型的球袋装备

球杆	特点
1号木杆	是球袋中最长的球杆，也是杆头最大的。
3号木杆	杆头又大又重，杆身比1号木杆要短。
5号木杆	杆头比3号木杆小一些，杆身也短一些。
3~9号铁杆	杆头是薄铁制成，杆面斜度变化不同，数字越大的铁杆杆面斜度就越大。
劈起杆	圆形杆头的铁杆，而且有一定的杆面斜度。
沙坑杆	圆形杆头的铁杆，底部扁平且杆面斜度较大。
高吊杆	和沙坑杆很像，但是杆面斜度更大。
推杆	通常是有方形握把的、较短的球杆，而且杆头没有杆面斜度。

不同种类的铁杆

铁杆有两种基本类型——刀背式和凹背式。刀背式是老式的铁杆,看上去外表也很美观,杆头背面几乎是平的。凹背式铁杆的杆头背面有凹陷,这种球杆也因此得名。刀背式是原始型的球杆,如果你能干净利落地用这种球杆击球,你就会感受到这种球杆的魅力了,但是,如果击球姿势不正确,使用这种球杆时,手臂会因振动产生疼痛。凹背式的铁杆最适合初学者和差点球员使用,因为这种球杆在击球时,特别是在击球没有击中球心的情况下,能够提供更多的误差允许度。现在市面上出售的大多数铁杆都是凹背式铁杆。

凹背式铁杆(左侧)在击打偏离球心的球时能比刀背式铁杆(右侧)提供更大的误差允许度。

3号和5号木杆

这些球道木杆是用来在矮草区击球的。这些球杆用起来很顺手,非常适合在5杆洞或远距离的4杆洞比赛中用来击打超过182米(200码)的切球。3号木杆用来做开球木杆也不错,因为用这种球杆能很容易地打出直线球。

3~4号铁杆

这些长长的铁杆专门用来对付击球距离在164~182米(180~200码)之间的球。尽管在高尔夫球比赛中没有比3号铁杆的触球感觉更好的球杆了,但是能够完全掌握这种球杆却不是件易事。

5~7号铁杆

中间长度的铁杆应该用在击球距离在136~164米(150~180码)的上攻果岭球。如果你对自己的中间铁杆有信心,也可以用这种球杆来击打不易掌控的短距离开球,同样也可以用来击打进攻性的3杆洞。

8~9号铁杆

杆身较短的铁杆应该用来击打击球距离在88~127米(130~140码)的上攻果岭球。你应该会非常喜欢这些短铁杆,因为这种球杆会创造很多得分机会。

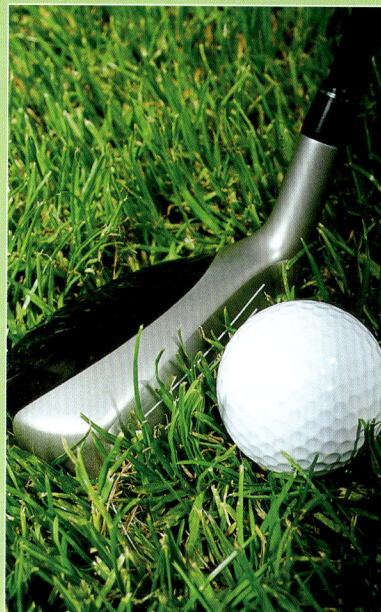

援救杆

援救杆是现在很多球员的新宠。这是一种混合型的木杆或铁杆,主要用在击打距离大于164~182米(180~200码)的球。援救杆得名于此种球杆能轻易地将球从较差的落位救出,无论你是在粗草区击球或是在光秃秃的球道上击球。在你想要从旁边击打起扑球之前,援救杆可以给你一个将球向前大力击出的机会。

挖起杆

　　挖起杆和1号木杆一样都是专用的球杆，而且能够让你在果岭上更好地控制球并能得到更好的球感，而且还能用来击打距离在110米（120码）以内的球。球杆制造商宣称他们正投入大量的资金来研制更完美的挖起杆，而且想让挖起杆和1号木杆或推杆一样用途更广泛。这些球杆通常都做工精良，而且杆头闪闪发亮。巡回赛选手会在球袋中装入4支挖起杆，在果岭附近可以有更多的用途。

劈起杆

　　劈起杆的杆面斜度为48°，属于铁杆的一种。当你的比赛水平达到一定程度后，就应该购买一支专业的劈起杆了。这种球杆可以用在起扑球和遇到障碍后劈起球的处理上，同样也可以用来击打距离在91米（100码）左右的全力击球。

沙坑杆用来将陷入果岭侧面沙坑中的球救出，而且还能用来打起扑球和劈起球。

劈起杆的杆面斜度是48°，在遇到障碍时可以用来打起扑球和劈起球。

高吊杆如果使用得当，可以用在沙地上。应当在自身技术达到一定程度后再购买一支高吊杆。

沙坑杆和高吊杆

　　这些也是非常专业的球杆，应该另行购买。沙坑杆可以用来将球从果岭旁边的沙坑中救出来。球杆的圆形杆头可以让球杆能够在沙地上滑行。但是这也是一种多功能的球杆，只要球在果岭附近的落位不是太裸露，就可以用这种球杆来打起扑球和劈起球。

　　高吊杆也是在沙地上非常有用的球杆。很多球手会在用沙坑杆之前先选择用这种球杆，因为在果岭周围击球时这种球杆能把球打得更远。当你的短击球水准到了一定程度后，就可以使用高吊杆，但如果你用错方法就是非常危险的！

好的握把（下面的球杆）是打好球的基础；而磨损的握把（上面的球杆）能改变你对球杆的控制而且会妨碍挥杆。

杆身

杆身是球杆上最重要的组成部分，是球杆的发动机。找到一个适合你挥杆习惯的杆身是至关重要的，也就是说要购买弹性合适的球杆。弹性好的杆身更适合初学者和女性练习者，因为他们的挥杆速度达不到有经验的球手的水平。巡回赛运动员会使用不同硬度的杆身，但是他们具有高超的调节技术可以把这种杆身的特性发挥出来。大多数的差点球员应该使用弹性更大的杆身，这样才能表现得更好。

握把

你在打球时唯一接触到球杆的位置就是握把，因此如果握把磨损了，你的发挥就会受到影响。如果握把在手里滑动，那么你就很难控制杆头。如果你把球杆在手里握得太紧，来防止球杆会随着球一同飞出，那么很有可能你就无法挥杆。大多数的高尔夫专卖店会提供更换

没有一种推杆能适合所有的高尔夫球手。要购买感觉最舒服的推杆。

推杆的设计有成千上万，要尝试不同类型的球杆并最终找到适合自己的。

握把的服务，这样才能不断改进你的打球水平。

推杆

推杆的种类有很多种，但是你只能从设计和球杆的不同特性上来简单了解这种最神秘的球杆。下面是选择推杆的三个基本原则：

● 确定杆身的长度适当。

● 不要因为这些球杆的昂贵和著名去买最昂贵或最著名品牌的推杆。

● 无论球杆的外表怎样，价值几何，舒适才是最重要的。

对于选择推杆来说，基本的原则就是因人而异。不管销售人员如何推销，广告如何吹捧，没有任何一支推杆能适用于所有人。

腹式推杆和扫把柄形推杆

最近，这些推杆为推杆市场提供了更多的选择，以前这些推杆都是和尴尬的坏名声联系在一起的。扫把柄形推杆是一种加长的球杆，直立时的长度能达到人的下颌或胸部。可以让手指分开而且能防止手腕受伤。腹式推杆直立时的长度可以到胃部的高度，握法跟普通的推杆一样。这些加长的推杆可以在推球时提供稳定的基础。

尝试各种类型的球来找出哪一种最适合你用。每一个类型的球都有不同的特性，选对了球能帮助你在比赛中表现得更好，但前提是你已经能够熟练掌握挥杆技巧。

让高尔夫球滚动起来

高尔夫球的生产商会尽力让你相信你能通过购买他们的球具而获得一场更好的比赛。从某种程度上讲，他说的是对的：得体的木杆和铁杆能增加更多的误差允许度和打球的趣味性，但是，在你掌握大部分的新技术产品之前，你也的确需要一些最实用的产品。没有比高尔夫球制造业更明显的例子了。球的设计和技术的先进性使高尔夫这项运动焕然一新，仅仅在过去这五年中就达到了最高水平。现在的高尔夫球能够比以前的球飞得更远且飞行线路更直。

一旦你能娴熟地挥杆击球，找到一种你喜欢而且让你用起来舒服的球就变得至关重要了。大多数的高尔夫球生产商会在外包装上注明他的球拥有高转速、飞行距离更远、触感更柔软等字样。证实这些说法的唯一办法就是试球。

每个球的性能都不一样，所以在不同的条件下尝试同一种球，直到你能完全掌握这种球的特性。有些球的触感会比其他球软一些，击球时感觉更好，但是这种球的飞行距离不远（比如三层球）。触感较硬（价格会更便宜）的球会从球道上弹出几百米远（比如双层球），但是穿过果岭时的效果是一样的。秘诀就是不断用一种球来练习，然后你就会适应这种球的一致性并且能够很快地做出反应。

配件

高尔夫配件也是非常重要的。你会用相当大量的、有用没用的小玩意儿和能够在球道上帮助你的小发明来填满你的球袋。然而，有些基础的配件是不可或缺的。

球梯

在每洞开球时要用到球梯，把它放在开球台上用来开球。球梯是能让击球变得更容易的一种配件。球梯的长度有很多种，材质有木质和塑料的。有一些球梯的制造商努力尝试用增加不同的附加物和装饰物来使球梯不再那么简单，但是没人成功。结果就是，直到现在球梯仍是这项运动中没有高科技含量的器具之一。

球位标

通常用一些有球场标识的塑料或金属的圆片来做果岭上的球位标。也可以用一枚小硬币来标出球的位置。

球痕修补器

当球落在果岭上，就会形成球痕，就要用到球痕修补器。不要只修补一个球痕，通常要修补两个，这会对保持果岭的质量有帮助，而且能让你和球童友好相处。

手套

至少要在球袋里放上两副手套，以防你的手套受潮或损坏。在左手（或握杆时在上面的一只手）上带上一只手套，这可以在握杆时增加握力，同时防止打球的过程中手上磨出水泡的情况。

其他的工具和小发明

球袋里的其他工具和小物件足够你写成一本书。

从太阳镜的遮光板到临时的果岭探测仪，从高尔夫球的自动清洁器到可以装在球袋里的果汁机……只要你能想到的就有人发明出来。这些东西也成为高尔夫热衷者的收藏品，但是说实话，这些都是工具箱里并不必要的装备，它们的趣味性更大于其实用性。

一些配件，像手套、球梯、球位标记和球痕修补器都是球袋中的重要的补充物，缺一不可。但是，有很多小玩意儿和小发明是趣味性大于必要性的。

不同的高尔夫比赛形式

高尔夫的比赛形式多种多样，每一名球员都会有自己特别偏爱的一种形式。下面列举出来的是最常见的几种。

比杆赛（Strokeplay）

大多数的职业比赛，除了莱德杯和临时的比洞赛以外，都会采用这种形式。规则非常简单，比赛中击球杆数最少的人获胜。比杆赛通常会进行四天，会像四大赛（详见21页）一样分成四轮比赛，或者要打满18洞。比杆赛中允许使用差点，所以净杆数最低的选手获胜（净杆就是减去差点后球员所得的杆数）。但是，在职业赛事中却从来不用差点。

比洞赛（Matchplay）

比洞赛是在比赛中单独比较各个球洞的成绩，而不是比较总得分。通常，球员单独参加比赛，在每个球洞结束后比较得分，而不是在整轮比赛过后。如果你赢得了第一个球洞，就记做1—up（领先1洞）。如果你赢得了第二个球洞，就记做2—up（领先2洞）。但是一旦对手开始赢得球洞，你的分数就要相应减少，对方赢得一个球洞，你就重新变成了1—up，之后就是积分相等（水平术语），依此类推。比赛一直进行到一名球手领先的球洞数已经超过了剩余的球洞数为止。比如，当你在第17洞时已经领先3洞了，那么你就赢3洞剩2洞了（3洞领先但是剩下的球洞只有2个了）。

史特伯福特积分赛（Stableford）

这是一种记分系统，通常用在团体比赛中。这是比杆赛的基本类型，但不是记录你在每一洞的杆数，而是要计算你的得分。

这种记分系统计算的是你在每个球洞与标准杆相比的净杆数（减去差点剩下的杆数）。平标准杆得2分，超出标准杆一杆得1分，超出标准杆再多就没分了。博蒂可以帮你赢得3分，而老鹰可以赢得4分，以此类推。比如，如果你打的是4杆洞，你得到2杆，如果你打了6杆，减去你的2次击球，所以你的净杆就是4，与标准杆持平，在史特伯福特积分赛中你就能得到2分。如果你打了5杆，净杆数是3——就是博蒂，你能够得到3分，依此类推。博蒂是在一个球洞低于标准杆1杆的情况，而老鹰则是低于标准杆2杆的情况。如果你足够幸运还有可能打出双鹰，在5杆洞只用了2杆就把球打进洞了，这比一杆进洞更难得。

这是一种很流行的记分系统，因为它可以允许你在一个球洞打出10杆之多而你只是不得分而不会毁掉一整张比杆赛记分卡。

选择不同的比赛形式将会影响到分数的计算。每个球手都有他自己喜欢的比赛形式。

四球赛（Fourball）

四名参赛球员在一轮比赛中分别击打自己的球的比赛形式就是四球赛。这种比赛中，通常选手会两两配对进行比赛，要在你和同伴两个人中选出分数最低的作为你们在这个球洞的成绩。在比杆赛和比洞赛中都适用。在美国，四球赛也叫做foursomes，这样很容易产生误会。因为在欧洲，foursomes这个词指的是另一种比赛形式，叫做两球赛（见下文）。

两球赛（Foursomes）

同样也是四个人分成两组比赛，不同的是在每个球洞所要击打的不是自己的球，而是要每组轮流击打一个球。每轮比赛开始时，双方各自选出一名球员打奇数球，另一人负责打偶数球。然后，每对选手要交替击球。和四球赛一样，这种比赛形式既可以用在比杆赛中也可以用在比洞赛中。这是一种极富挑战的比赛形式，你要把别人的失误当做是自己的失误一样。

选位轮流赛（Greensomes）

和两球赛非常相似，区别在于选位轮流赛不是从开球之后轮流击球，而是每个人单独击球，从每组选手中挑出成绩最好的，留做下次击球的球位，而另一个球要被拾起。两人轮流击球直到打完所有球洞。这种比赛形

四大赛和莱德杯

每年都会举行四次主要的高尔夫比赛：美国名人赛（the Masters），美国公开赛（the US Open），英国公开赛（the Open Championship）和美国职业高尔夫锦标赛（the PGA Championship）。除了英国公开赛（在美国也称为British Open）以外，其他的比赛都在美国进行。这些比赛都采取比杆赛的形式，职业球员会把在四大赛中的表现作为衡量他们事业是否成功的标准。很多优秀的高尔夫球员没有赢得过一次四大赛的奖杯，这对他们来说就是一种真正的负担。

莱德杯（Ryder Cup）每两年举行一次，是一项在美国和欧洲球员之间举行的团队赛。比赛时间超过3天，只有那些在各种单人赛、两球赛和四球赛中的胜者才能得分。每个单项赛都以比洞赛的形式进行，赢得球洞数最多的一方赢得整个比赛，这与比杆赛正相反，因为比杆赛的球员是在完成一系列的球洞后杆数最低的赢得比赛。获得莱德杯的参赛资格对于每个职业选手来说都是巨大的成就，也将是他们职业生涯的顶峰。莱德杯是以塞缪尔·莱德（Samuel Ryder）的名字命名的，他是1927年在美国和英国选手之间进行的职业赛的赞助人。他希望这项比赛能在"友谊和公平竞赛的氛围下进行"。

式同样在比杆赛和比洞赛中都适用。

最佳球位赛（Scramble）

这是在美国很流行的一种比赛形式。四个人一组进行比赛，每个人单独击球，然后选出其中最好的球位，其他球都要捡起来。然后，每个人再从最好的球位开始下一次击球。再选出其中最好的成绩，继续比赛，直到打完所有球洞。因为每个球洞都有四次击球机会，所以这种形式的比赛也会是得分最少的一种。

常见问题解答

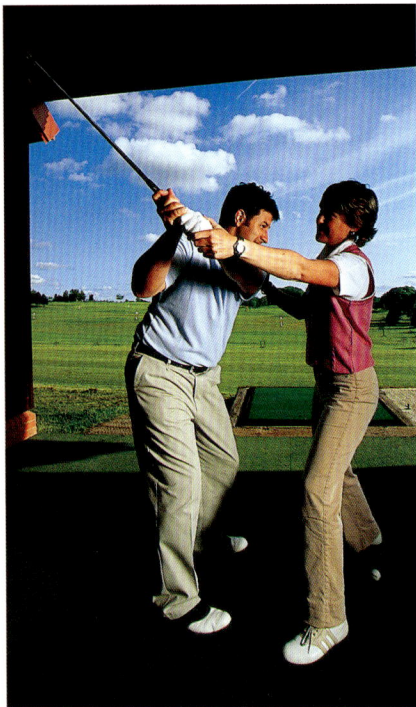

参加几次专业培训课能帮助你打好基础，而且让你能更快地体验到这项运动的乐趣。

高尔夫是一项昂贵的运动吗？

不是，只要你不希望它就不是。最初用来购买球具的费用可能会很高，但是如果你是一名初学者，你可以而且也应该去购买半套二手球杆，这样就不会花费太多的钱了。很多高尔夫用品专卖店都能提供这种服务。其他的花销包括衣服、鞋、高尔夫球和果岭使用费。只要你买到了打高尔夫专用的衣服和球鞋，这些都能用很长时间。高尔夫球的价格可能会很贵，特别是在你刚开始学打球时，还会打丢一部分，但是也有一些适合初学者使用的廉价高尔夫球。果岭使用费的高低取决于你选择的球场，相信你一定能找到一个费用便宜的球场。

想打高尔夫就一定要成为俱乐部的会员吗？

不用。很多人对于这个问题存在误解。在社交活动中成为高尔夫俱乐部的会员会很有趣，而且你还能参加俱乐部的比赛并得到差点。但是，如果不参加俱乐部也能做到这一切，况且俱乐部的费用既高又不能经常更换。现在越来越多的人在球场上"流浪"，他们支付场地费用但是却不成为会员，这样更省钱而且还有更多样化的球场选择。

打高尔夫需要差点吗？

不，但是当你的水平达到一定标准后，建议你争取获得自己的差点。如果你是俱乐部的会员这就十分容易做到，但是一些国家的管理组织也会提供非会员的差点计算。有差点的好处就是你可以参加一些业余比赛，这是你能力的体现，这样你就可以和不同水平的人比赛了。偶尔，当你去俱乐部打球时，他们会要求你出示你的差点证明来证实你是否了解球场规则，但现在这种情况已经越来越少了。

我需要去上课吗？

每一个初学者都应该掌握坚实的高尔夫基础，尽管一些出版物能给你一些正确的指导，但是不能替代高尔夫课程。很多国家对于初学者的培训课都是免费的，无论是团队还是个人，这也是开始愉快的高尔夫生活的一个基本方式。

高尔夫是老人的运动吗？

不。任何年龄段的人，从8岁到80岁，甚至更高龄的人都可以打高尔夫。这是男女可以共同参与的最好运动之一，现在参与这项运动的年轻人的数量正在逐渐增加。这种比赛的休闲节奏对年轻人和老人来讲都是最理想的娱乐，而像泰格·伍兹和安妮卡·索伦斯坦这样的球手也给这项运动开辟了更多尚未开发的市场。

任何年龄段的人都能打高尔夫，从8岁到80岁，而且这项运动还在不断吸引新球手的加入。

高尔夫是最杰出的运动吗？

总体来说不是，但是它的确有出众之处。遗憾的是，依然有一些只面对男性开放的高尔夫俱乐部，但是这类俱乐部就像恐龙灭绝一样正在逐渐消失。还有一些高级的俱乐部，不仅要收取高额的入会费，而且还要认识正确的人，选择正确的学校，等等。幸运的是，高尔夫作为一个产业，已经意识到了这样对谁都没有帮助，而且加入俱乐部的门槛也越来越低了，找到体面的球场也变得越来越容易了，能够更大程度地让大家享受到这项运动带来的乐趣。

有着装要求吗？

许多高尔夫球场都有着装要求，这不是坏事，这样能体现这个球场必要的纪律要求和对球场的控制。很多对公众开放的场地要求并不严格，但是穿着轻便并得体是这项运动的基本要求。绝对不要穿牛仔服去踢足球，同样的，高尔夫也有自己独创的、种类多样的、有趣的着装要求。

这种运动很难学会吗？

高尔夫运动被说成一种很难打得出色的运动！这就是说，通过一点努力你就能掌握这项运动，而且只要经常练习就能在球场上掌控一切而且能够享受到这种运动带给你的各种紧张和刺激。但是，要想成为一个专家，一名低差点的球员，就需要技术、时间和练习了。我们能在这项运动中找到很多乐趣，但是却不是每个人都能成为大师的。

高尔夫是最适合男性和女性共同参与的运动之一，因为这项运动要求的是技术而不是力量，所以男女球员可以同场竞技。

周末第一天：基础挥杆

周末第一天：

基础挥杆

第一天的学习目的是要学会如何

- 正确握杆
- 正确的击球准备
- 稳定的上杆
- 下杆以及收杆结束动作

高尔夫的挥杆可能看起来像一个复杂的过程，要扭转手臂，转动后背以及控制力量。事实上，这是一个非常自然的动作过程。现代的挥杆方法是一种十分简单的、本能的动作，依靠的是我们每个人都能做到的简单动作。

成功挥杆的根本就是稳固的基本功。前两课我们要重点讲解握杆和击球准备，一旦你掌握了这些基础知识，并且不断练习直到这些姿势变得自然而舒适，你就成功地进入高尔夫入门之路了。

第三课和第四课我们要注意的是挥杆，我们要透彻地讲解在稳固和连贯的动作背后的基础理念和技术，以及重点强调一些高尔夫球手会遇到的常见危险和困难。

在第一天的课程结束时，你会对高尔夫球的挥杆技术有更深层的了解以及甜蜜的击球感觉。当你在球场上打出第一杆以后，你就会上瘾的。

高尔夫到底能有多难？

威尔士的高尔夫传奇人物伊恩·伍斯南（Ian Woosnam）曾经赢得1991年的美国名人赛，他把挥杆描述成"两转一挥"。意思就是说，在挥杆的过程中你要把身体向后转动，在手臂和手挥杆击球的一瞬间转回来，挥杆击打球的中间偏下处。他认为很多人把原本很自然、很简单的动作复杂化了。

过分拆解挥杆的动作，细化每一步骤的小动作只会导致一个古老的问题：分解导致的麻痹。高尔夫球手太过关注技术以至于他们因为害怕失误而不敢移动，他们忘记了自然本能所带来的天赋、创新和节奏。

向后退一步，仔细考虑你应该做什么：只要努力用最少的杆数把球打进洞中就可以了。

握杆

🕙 **10分钟**

🚩 目的：学会正确的握杆方法，了解各种握杆方法之间的不同以及如何舒服地握杆。

难度等级：1级 ⚪⚪⚪⚪⚪

握杆的重要性并没有被充分强调，这是第一个、也是最简单的、必须掌握的技术。只要正确握杆，你就不会被很多高尔夫的问题困扰了。握杆是你和球杆的接点，你唯一能够控制球的飞行的连接点。正确握杆让你的双手共同协作，就像一只手一样。在挥杆过程中，双手的用力不能相互抵制。

别把小鸟掐死

许多高尔夫球手会紧紧地握住球杆，这样手臂会过于紧张，会限制其他的挥杆动作。轻轻地握住球杆，就像手中握着一只小鸟，你既不能把它掐死，也不能让它飞走。同样的，在握杆时，既不能把握把握碎，也不能让球杆飞出你的手。

正确的握杆

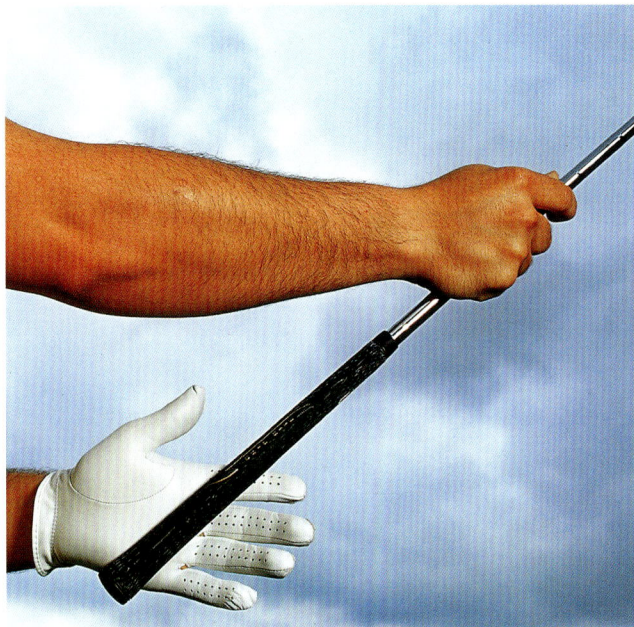

1
首先，把左手放在球杆上。球杆握把的位置应该在你中指根部到食指中间的位置。不要让球杆滑到你的手掌里。

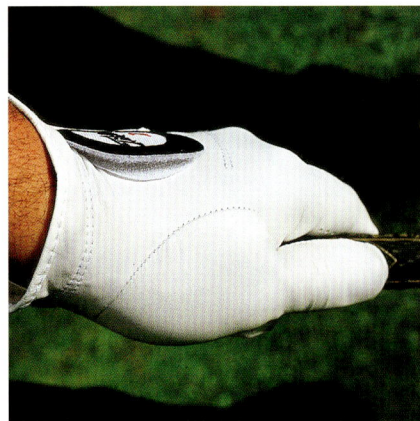

2
现在，合上手指握住球杆。当你向下看时，应该只能看到手指的两个关节，手套上的商标要面对目标。

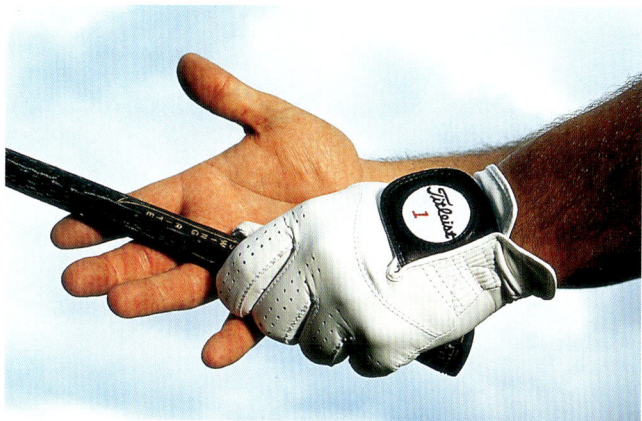

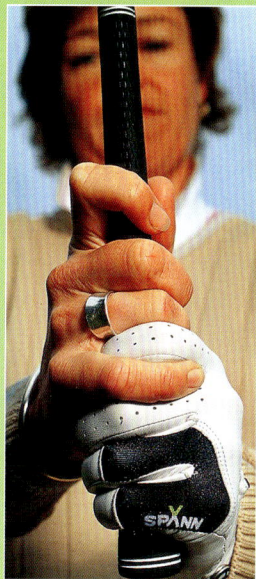
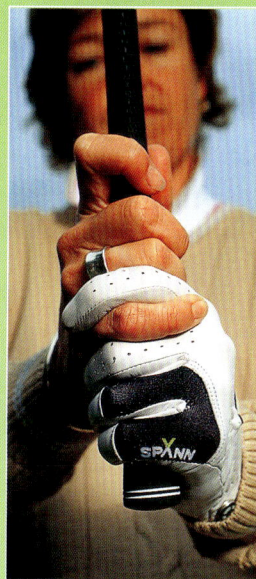
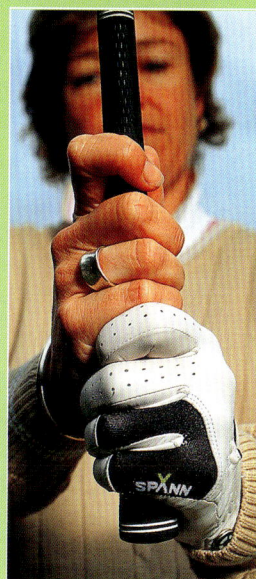

瓦登式　　　　　　互锁式　　　　　　棒球式

3

　　把右手放在球杆上。球杆的握把应该穿过手指根部而不是握在手掌中间。左手的拇指放在右手拇指的下方做护垫。

4

　　右手握杆时形成的"V"字形的尾端要指向右肩的方向，右手拇指要指向杆身左侧。右手小指锁住球杆的程度决定了你的握杆的方式。

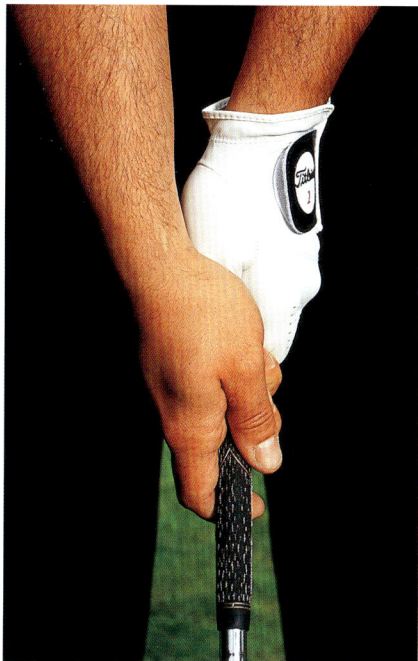

三种选择

　　握杆的方式有三种公认的传统方法。最常见的就是瓦登式握杆法（或者叫重叠式握杆法），是大多数的高尔夫球手习惯的握杆方法。此外，还有互锁式和棒球式握杆法。选择握杆的方法只需要一个原则，那就是舒适。练习所有的这三种握杆方法，你会很快发现哪种更适合你。

瓦登式握杆　右手小指与左手食指交叠。

互锁式握杆　右手小指与左手食指互相缠绕，这是泰格·伍兹和杰克·尼克劳斯使用的握杆方法。手偏小的球手会觉得这种握杆方法更舒服。

棒球式握杆　小指和食指没有重叠，这是球手们很少选用的一种握杆方法，但是比较适合初级球手。

常见问题

　　理想的握杆是"标准握杆"，也就是说左右手同时用力，并且每一只手对球杆施加的力度都不会超过另一只手。标准握杆让你在做好击球准备后能够让杆面直接面对击球的目标线，这就叫做方正。在挥杆时，杆面要一直保持方正，这样在击球时才能直接面对目标，击出直线球。如果你用的是强势握杆或弱势握杆，就很难让球杆头在击球的瞬间保持方正，也就很难保证击球的连贯性。

术语解读

　　标准握杆　一种握杆方法，可以使双手在挥杆的过程中动作一致，每一只手对球杆的影响都不会大于另一只手。
　　强势握杆　一种握杆方法，是双手在挥杆的过程中的作用过分突出的握杆方法。
　　弱势握杆　一种握杆方法，在挥杆的过程中双手很难发挥作用。
　　目标线　从你要击球的位置到球的目标位之间想象出来的一条线。

握杆时要避免的情况

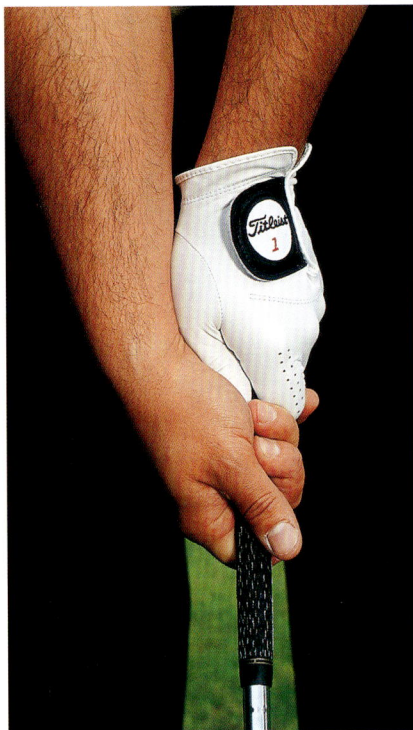

强势握杆

　　如果你的握杆是强势握杆，当你向下看时，你能看见左手手背的四个关节。因此，右手就要放在球杆下面，就像推着摩托车的加速器一样。强势握杆可能让你击出一记左曲球，击球的瞬间球的弹道会向左侧弯曲。

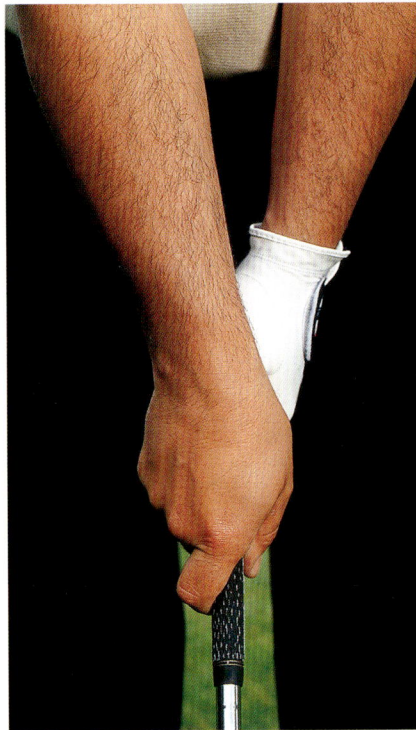

弱势握杆

　　如果你的握杆是弱势握杆，你看不到左手手背上的关节，右手完全握住球杆的握把，右手手背朝向天空。这样能很容易击出右曲球，球会向右侧弯曲，通常会把球打进粗草区。

对标准握杆的理解

下面的练习能帮助你了解标准握杆的重要性。

想象你正面对高尔夫球站立，不用握着球杆，把双手放在一起，手心相对，以左手的手背对准假想的目标方向。挥动手臂就像挥动球杆一样。在击球点，你的手会自然指向地面，左手手臂再次指向目标。如果你的手里拿着球杆，你就要以方正姿势开始面对目标而且标准握杆。这样在击球的瞬间，你的手才能到达击球的正确位置，杆面才能保持方正。

如果你用强势握杆，击球的瞬间你的手会转回中间而且击打球的正中位置。但是杆面会关闭，或者瞄向左侧——因为只有强势握杆方正才能做好击球准备。如果你弱势握杆，球杆面会打开，球会向右侧偏出。

练习小贴士

握杆练习是最简单的练习。在客厅里放上一根球杆，每次经过球杆都花上30秒的时间练习握杆，直到能够舒适自然地握杆。只有你握杆的姿势变得标准了，球杆才能变成你身体的一部分。

练习：完成标准握杆

1

做好击球准备姿势，不握球杆，把双手放在一起，手指指向目标。

2

挥动手臂就像挥动球杆一样。注意在击球瞬间你的手要自然地指向地面。

击球准备

🕐 1小时

🚩 **目标**：练习有力的站姿，良好的瞄准以及理解球位。

难度等级：3级 ⚪⚪⚪⚪⚪

要达到舒服和连贯的击球准备姿势，就要花一点时间进行一些练习。

良好的基本功包括四个元素：握杆，姿势，瞄准和球位。现在你能正确而有自信地握杆了，你还要学会如何才能为精准的击球做好准备。

击球连贯性的关键是从正确的位置击球。如果你有一个有力而专业的击球准备，你的挥杆会更准确，要利用肌肉的力量来完成击球。不正确的姿势将导致匆忙的挥杆，手臂胡乱摇动，大腿过于活跃从而引起随意击球或完全僵硬的移动，使球杆无法释放出足够的力量。

练习：练习良好的击球准备

1
身体站直，握住球杆，正确握杆，把球杆水平置于身前。双脚与肩同宽，脚尖指向身体的正前方。

2
再以腰部为轴向前弯曲，保持后背挺直，放下球杆，让球杆的杆头落在地面上。手臂自然下垂。

术语解读

姿势 相对于球站立的位置以及在击球准备时的身体姿态。

瞄准 在挥杆之前身体和球杆杆头瞄准的位置。

站姿 在击球准备时，双脚分开的宽度以及要击打球的位置。

常见错误：击球准备

3

    从这个位置将膝盖微微弯曲，这样臀部可以向后翘。在球杆握把与大腿之间要留有一个手掌的宽度。下颌微微抬起，不要抵在胸部，找一个让自己舒服的位置。

身体过直

    站立时身体不要太挺直。保持后背挺直，在上下半身之间形成一个明显的角度很重要，但是不要把膝盖伸直。保持膝盖弯曲，否则，你的挥杆动作会十分僵硬。

身体过弯

    身体不要弯曲得太厉害，不要过分弯腰，伸到球的上方，因为你会发现姿势不正确会引发很多不必要的动作。你的膝盖需要一定的弯曲度，因为挥杆的动作需要一定的控制。

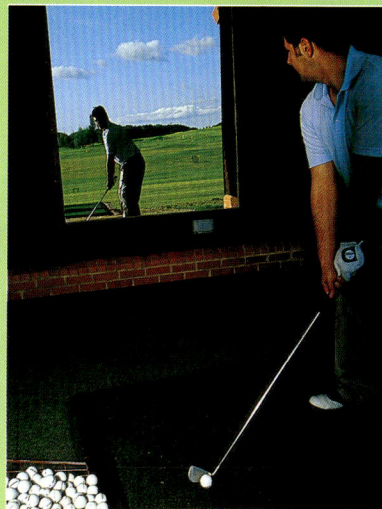

检查击球姿势

    用镜子来检查你的姿势是否正确。做成击球准备动作就像要往镜子里击球一样。注意你的身体角度：臀部后翘了吗？后背是直的吗？膝盖的弯曲度够吗？转过身来，把击球方向当做与镜子相反的方向，看看你的姿势正确吗？

    在你的高尔夫旅程中，要时刻注意自己的姿势，可以用镜子来检查，也可以从各种反射面中看到你的姿势，或者找个懂得正确击球姿势的朋友来帮忙。否则，球打得越多，就越容易养成一些影响比赛的坏习惯。

精确的瞄准

下一个你要掌握的击球准备动作就是瞄准。瞄准不好就无法精准地击球。如果你没有瞄准，就要通过改变挥杆来弥补击球的不准确，而通常的结果就是大力击球。

在和挥杆相关的所有基本技巧中，瞄准是需要花费时间最多的练习，也是需要花最多的努力才能保持的技能。

术语解读

目标线 从击球的位置到球的目标位之间想象出来的一条线。

在目标线内 在目标线上你所站立的一侧。

在目标线外 与你站立的位置相对的目标线的另一侧。

方正 这个术语用来描述球杆的杆面或你的身体。如果直接瞄准目标线，你的杆面是方正的。当你的肩部、膝盖和脚尖都与目标线平行，那么你的身体就是方正的。

杆面打开 杆面或你的身体瞄准目标线的左侧。

杆面关闭 杆面或你的身体瞄准目标线的右侧。

直线瞄准

1

击打直线球，在击球的瞬间球杆必须要保持方正，一定要瞄准正前方的目标。面对球做击球准备时，第一件要做的事就是摆好球杆的位置，将球杆面对目标摆放方正。在目标线上、球前面的几米处选择一个点，然后将杆面瞄准这个点。

2

现在你已经给杆面做了准确的记号，余下的击球动作都要围绕着这个瞄准动作来完成。你需要让肩部、臀部、膝盖和脚尖都弯曲，而且处在与目标线平行的直线上。现在，你已经瞄准了。

顶级秘籍

要想瞄得准，可以想象自己是在火车的铁轨上击球。这些轨道沿着你的击球方向直线伸向远方，双脚站在一条轨道上，而球在另一条轨道上。这就是你在瞄准时应该做的：肩部、臀部、膝盖和脚尖都要与直线击球的目标线保持平行。

练习
地面上的球杆

当你在练习场地上击球时，无论什么时候，都应该练习瞄准。在地上放上两根球杆，一根靠着你的脚尖，另一根平行放置在目标线以外。每次击球，花上1秒的时间检查你的身体是否瞄准了，从脚尖到肩部是否与这两根球杆平行。你可以进行上杆、劈起球或其他的练习，但是不能移动这些球杆的位置，不断地进行检查，直到这种行为变成一种习惯。

站位

站位与姿势正好相反，它是指双脚的宽度和球的位置。每种球杆对站位都有不同的要求，球杆越长，对站立的稳定性要求就越高。

很多初学者会为他们到底应该站在离球多远的位置而感到困惑。只要站在自己觉得舒服的位置，手顺着肩膀垂下，放松地摆动就可以了。此外，还要保证在大腿和球杆的握把之间留有一手掌宽的距离。

下面说的是关于如何练习正确使用1号木杆的站位。使用其他球杆时，姿势可能会不一样，但是1号木杆是你球袋中所有的武器中误差允许度最小的球杆。

如果你在做击球准备时犯了一个小错，1号木杆会毫不留情地把它暴露出来。

练好正确使用这个球杆之后，再练习使用中长和较短的铁杆就会容易得多。

完美的站位

1
握住1号木杆，在球梯上开球。站立时双脚并拢，球要放在左脚脚尖前面。把杆头放在球后面，检查是否与脚跟相对。

2
左脚保持原地不动，右脚向后。双脚分开，距离至少要与肩同宽，脚后跟在双肩下方。

3
脚尖向外侧微微分开。球要始终与左脚脚跟相对，这就是击打1号木杆的完美姿势。

击球准备时的重心

木杆的击球准备

　　挥杆时身体重心的转移十分重要。上杆时重心在身体的右侧，击球时转移到左侧。用1号木杆击球时，做击球准备时把身体重量的60%放在身体的右侧，因为这样可以让你在球杆上升的过程中打到球。

铁杆的击球准备

　　使用较短的铁杆时，由于球位在你站位偏后的位置，所以你的重心移动要更平稳。在击球时，球杆与身体之间的角度要很小才能在球杆下落时击球，与挥杆相反，用木杆击球时的这个角度会大一点。

测量双脚之间的距离

　　站位时双脚之间的距离对能否恰当挥杆起着十分重要的作用。如果双腿分开过大，就会限制你的挥杆；如果间距过窄，你的击球就会失去控制。为了保证你的双脚之间的距离不会分开过多，可以使用下面介绍的方法。

　　在你做击球准备时，两只手分别握住一根球杆的一头，双手从肩膀垂下来。让球杆自然下垂，记下球杆所指的点。较长的铁杆和木杆所指的点会在你脚跟的内侧。

球位的重要性

在你研究站位时，球的位置可能看上去微不足道，但是这样小小的几厘米距离会造成击球效果上的巨大差异。使用不同的球杆时，球的位置都要有轻微的变化。每次击球，无论是用1号木杆、短铁杆、沙坑杆或推杆，都要把注意力集中在球的位置上。你会很容易养成坏习惯，也会很容易发现在你为了特殊的击球方法而调整站位时移动了球的位置。

球位的基本规则是球杆越短，球就越要靠近中心。用1号木杆击球时，球的位置要与左脚脚跟相对，这一点在前面已经讲过了，用5号铁杆击球时，球位要在中心偏前，用8号铁杆击球时要刚好在站姿的中线上。

球的位置决定了挥杆时要触球的位置。球杆越长，挥杆的角度越小，所以要想在球杆上升的过程中击球，你需要把球放在挥动球杆时球杆击打到草地或球梯之前的位置。

接触点

使用较短的球杆时，击球的角度更陡峭，因为你要击出一个轻微的、向下的击球，会制造出一大块草痕，使球飞行的弹道更高，反旋更大。

使用3号木杆时的球位

1

使用3号木杆时，像前文所讲的，球要放在你的站位前方，几乎与左脚脚跟相对。这样左边肩膀要比右边肩膀略微抬高一点，使后背与目标之间形成一定角度，才能大力把球击出。

2

球杆与球接触时是在挥杆上升的过程中。3号木杆小角度击球，球杆在向上的过程中扫过草地，但是不会留下草痕。球位前置才能做到这点。

使用劈起杆击球时的球位

1

使用劈起杆时，击球的位置更靠近站位的中心。因为考虑到球位和杆身长度的因素，你在击球时要用力向下击球，这与扫击是完全不同的。

2

把球放在中心点的球位击球，球杆将挖出更多的草皮，因为球杆下落时要击打在球的后部，球的弹道会飞行得更高，反旋更大，而反旋球正是能让球在果岭上停住的方法。

术语解读

浅挥杆 当杆头在下杆击球的过程中回到球的位置时，要平行于地面，而且要在挥杆上升的过程中击打到球。

竖直挥杆 与浅挥杆正好相反，球杆从一个锐角的位置击打到球的后部，这个锐角的角度是指球杆与地面形成的角度。

遇到困难时

当你发现自己在击球困难的球位时，不管是在沙坑中、粗草区还是在球道上的草痕中，这些球位都可以救球。

在对付所有的困难球位时，你都要击打球的底部。如果球的位置靠近右脚脚跟，可以让挥杆更陡峭，用向下的击球就可以，要击打球的底部。把球打向远离右脚的方向就可以把球救出。

问题解答:
常见的错误

不稳定的击球、右曲球、左曲球、地滚球和薄击球的出现通常是和站位出了问题有关。

站位是能够完成一次完美挥杆最重要的因素之一。问问任何一个职业高尔夫选手,他们都会告诉你:挥杆过程中90%的问题都源于你的站位。开始时就建立稳定的挥杆基础,就能让你在高尔夫球课上省下一大笔钱。

下面提到的是在准备动作中常见的四种错误,可能产生的问题和如何避免此类问题的发生。

常见错误:**准备动作**

球的位置太靠后

如果在站位时球的位置太靠后了,当你用长铁杆或木杆击球时,就会引发一系列问题,但是如果球的位置太正,也很难用稍长球杆连贯地击球。如果发现打出的是剃头球(球杆碰到球的上半部)或厚击球(在打到球之前球杆挖起太多的草皮),就要检查你的球位——球应该放在与左脚脚跟相对的地方。

双脚间的距离太窄或太宽

如果你无法用力或无法控制挥杆,那么问题就出在站位时双脚之间的距离过宽或过窄上。作为一种规律,你的双脚应该分开与肩同宽的距离,只有在使用1号木杆时才可以再分开一些。如果站位太宽,会限制你在挥杆时的转身;如果站位太窄,保持身体平衡就会更费力。

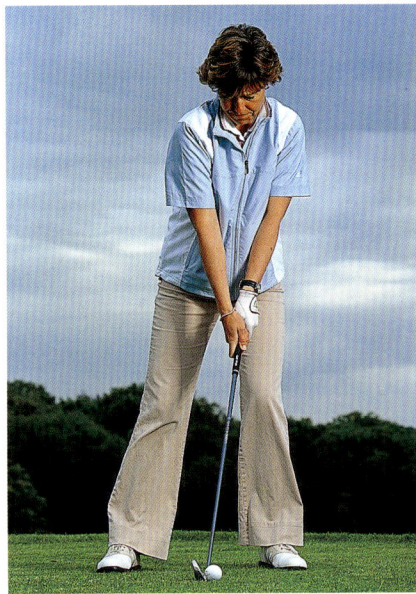

重心偏左

重心偏差所导致的结果就是弱势击球。挥杆的力度来源于重心的转换,上杆时重心转移到你身体的右侧,而击球时重心在身体的左侧——所以在开始时重心放在右侧会帮助你做好这个基本姿势。使用1号木杆时,在做击球准备时把身体重量的一小部分放在身体的右侧,当使用稍短的铁杆时,要把身体的重量平均分配在双脚上,全力挥杆时千万不能把重心放在身体左侧。

瞄准失误

瞄准失误不仅会错过目标，还会影响你以后的挥杆。你的本能会纠正瞄准上的错误，从而导致右曲球、左曲球、右推球和左拉球的出现。为了避免瞄准失误的发生，要不断在场地上用球杆练习。首先练习将球杆的杆面瞄准目标，然后确定你的脚尖、膝盖、臀部，最重要的是你的肩膀是否排列成一条线，并平行于目标方向线。

击球准备的检查清单

握杆

- 左手手背和右手手掌面对目标
- 用手指而不是手掌握杆
- 握杆时要放松，不能紧张

球的位置

- 1号木杆击球时，球要放在与左脚脚跟相对的位置，用挖起杆击球时，球要放在两脚中间
- 球杆要与自己身体之间保持舒适的距离，而且手臂要自然下垂

站姿

- 后背挺直
- 膝盖弯曲，下颌不要贴着胸部
- 身体不能懈怠

瞄准

- 杆面面对目标要方正
- 肩膀、臀部、膝盖和脚尖都要与目标方向线平行

重心

- 使用1号木杆时，在做击球准备时重心要偏右
- 使用较短的球杆击球时，重心平均分布在双脚上

掌握最基本的击球准备姿势会帮助你形成稳定的挥杆，而且能帮你省下不少上高尔夫课的钱。

上杆

🕐 1小时

🚩 **目标：**完全掌握上杆的技巧。

难度等级：3级 ⚪⚪⚪⚪⚪

如果有良好的基础，这将是很容易的事，但是也需要不断的练习和加深对这个动作的理解。

起杆

如果挥杆过程中80%的问题来自击球准备，那么另外还有10%的问题就来自于这不规范的第一个动作。良好的起杆动作将帮助你在球场上建立稳定的挥杆，因为它会影响到之后的每个动作。这也是能够有力地到达上杆顶端的稳定位置的关键。

节奏和时间的选择

很多球员沉迷于挥杆的姿势而忘记了比赛的目的：把球干净地击出。良好的节奏和时间选择能克服不完美的挥杆，所以要侧重于练习基础的技巧，并且要记住：你的动作应该是自然且遵循动力学原理的。

击球

1

在将球杆挥出时，握杆不要太紧，身体要放松。杆头要始终和目标线保持在一条直线上，所以保持站姿而且要让重心开始向右侧转移。

2

挥杆时要想着"慢而低"。把球杆平稳地向后拉起，不能晃动，而且在向下挥动时要尽量放低，贴近地面。

练习
半挥杆

如果你看过麦克·威尔（Mike Weir）在2003年名人赛上的表现，就会注意到在他预先挥杆的线路中有一个急转。他把球杆向后挥动到一半，突然停下，然后在真正击球前做好击球准备。他用半挥杆来检查他的站位，以保证他是在目标线上。

模仿他的这个动作能帮助你提高球技。在球后方目标线的延长线上再放上一个球杆。开始起杆，保证杆头在目标线上，而且要保证你不会挥杆向外或向内。当球杆到达与地面平行的位置时，应该与地面上的球杆平行。当你把这个动作练习好了，可以停下来，在你击球时试着去重复这个动作。

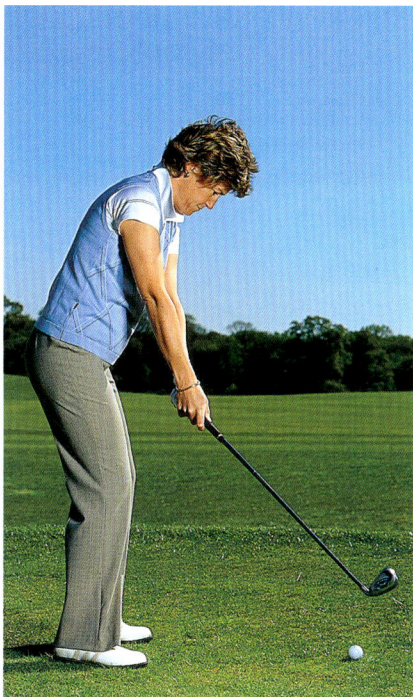

挥杆向外

挥杆时应避免将球杆挥出目标线外，也就是说，远离你的身体。这样会在挥杆到顶端时产生问题，也可能导致瞄准、握杆或站姿上的问题，所以要反复检查这些基本动作。

挥杆向内

与挥杆超出目标线外相反的就是挥杆时太过于偏向自己的身体一侧。如果挥杆时球杆在你的身体之后，那么你在保持挥杆的连贯性上就会遇到问题。在整个挥杆的过程中，杆头都要在你身体的前方。

这是一项有趣而古老的比赛

很多优秀高尔夫球手的姿势会很有趣，但是他们会利用自己的能力、经验，并通过练习来克服这些困难，所以从开始时就要把这些基本功练好，其余的挥杆动作就会自然成型了。

吉姆·福瑞克（Jim Furyk）是2003年美国公开赛的冠军，他在挥杆时球杆会向外偏出，而且他的挥杆动作也是高尔夫界最古怪的姿势之一，正是他所采用的古怪姿势以及受到上帝的恩赐而拥有与众不同的超常能力，才帮助他顺利地击球，因为这样的姿势可以修正他挥杆时发生的偏差。

曲腕

挥杆时的力量由手腕产生。如果你打球时手腕僵硬，不仅有可能会伤害到你的背部，而且无论你有多强壮，都无法打出理想的距离。在上杆时手腕的弯曲，以及击球瞬间手腕的再次弯曲，会产生额外的力量并且导致杆头速度的过度增加。

术语解读

杆头速度　球杆碰触到球时的杆头运行速度。杆头速度越快，球的飞行距离越远。

过度挥杆　当球杆在上杆的过程中挥动过度时，就会引起击球力量的缺失。

完美曲腕

1

在最初起杆时，你必须要保持挥杆的宽度，但是一旦你的左臂到达平行于地面的位置时，手腕就应该弯曲，这样在杆身和左前臂之间才能形成稳定而恰当的角度。

2

在回杆时手腕要同样弯曲。从这个位置，你需要把肩部向后扭转到极限，但是手腕不需要弯曲到更大的角度了。如果你这么做了，手臂会弯曲，这样能导致力量的缺失——这就是我们说的过度挥杆。

常见错误：上杆

过度挥杆

这种情况在一些看过约翰·戴利（John Daly）打球的高尔夫球手身上经常发生，而且这些球手认为球杆向后挥动得越多，击球越远。如果你过度挥杆，手腕的弯曲度过大，那么手臂就要向后弯曲，就需要用更大的力量来击球。

曲腕程度不够

同样的，如果你没有曲腕，你就没有力量。如果在球杆挥动到顶点时，杆身指向天空，你需要把手腕再弯曲一点，否则，你会击出失误球。

练习：球杆杆头

左臂伸直

高尔夫是一项忠告性的运动，"保持左臂伸直"是最常见的格言，而且是事实。通常，高尔夫球手会把这句话理解为把整个左臂完全伸直，其中包括左手臂和左手，但这是错误的。在挥杆到极点时左臂伸直是对的，但是同时你的手腕要弯曲，否则，你会失去击球的力量，或者无法控制击球方向。

1

练习曲腕的感觉，从击球准备时的球杆杆头位置开始练习挥杆，而且手腕要翻转。选择普通握杆，但是把球杆杆头放在离球30厘米远的位置，这样你的右手能在你的左手之上。在握杆时务必要放松。

2

现在自然地挥杆到一半高度，手腕弯曲。从击球准备时球杆杆头的位置开始练习，在上杆过程中自动将手腕置于一个好位置。当你站在球的上方时，重复寻找这种感觉。

和打网球一样

世界上最好的网球运动员大力发球时都是从这样一个站立姿势开始的：肩膀和后背向后扭转，然后释放，在击球时，手腕用力，从而增加额外的力量。试试打球时手腕不弯曲，你会发现无法把球打出很远。在高尔夫球的挥杆过程中也是一样的道理：你的手腕能增加额外的击球力量，把球打得更远。

旋转

为了击球的力量性和连贯性，你需要在上杆时弯曲手腕，而且要学会正确地旋转身体来完成"盘绕"。你盘绕幅度越大，击球时的力度就越大。

当你向后挥杆时，旋转你的上半身让背部面对目标。在转动肩膀时，要尽量保持下半身静止不动，在上半身和下半身之间的位置差别就构成了盘绕，也叫做肩部转动。这种上、下半身之间位置不同就像一个在你下杆时会伸直的弹簧，增加了身体两部分之间的阻力。不是每个人的身体柔软度都是一样的，所以，如果你不能弯曲将身体转动到背对目标的程度也不要担心，头脑中只要有这个念头，并尽可能地转身就可以了。

转身（上半身转动而下半身不动）
能够产生提供你更多击打力量的盘绕。

练习：转身

1

练习良好的转身，在击球之前选取一个普通的开球准备动作，集中精力保持身体的姿势和平衡，不要在球的上方左右摆动。双臂在胸前交叉，双手放在肩膀上。

2

现在转身到上杆的最高点，但是身体要保持一定的高度。下身静止不动来练习上身的扭转所形成的盘绕。要一直想着："要努力转到让后背对着目标的程度。"

没有盘绕

高尔夫球员通常知道他们应该在上杆时变换身体的重心以及他们应该转动肩膀。头脑中有这样的想法，而动作却以横向移动结束，把重心滑到左脚上而不是在球的后方做盘绕的动作。

没有转身

在这个姿势上没有转身，而且图中高尔夫球员的后背也没有对着目标，所以这是个弱势击球。重心在右侧，这是件好事，但是他把身体摆动到了这个位置而没有转身的动作。他的身体侧向移动，而且他只是简单地抬起手臂，而不是在球的后方转动身体。

限制头部的移动

这个错误可能是高尔夫运动中最大的迷雾，而且最容易引起问题。如果完全保持头部静止不动，你就不能充分地转动肩膀。头部需要轻微的转动，否则，会限制你的挥杆动作。你想要在上杆到顶点时同时用左眼瞄准球，而且不要在击球时头部向下。美国巡回赛明星大卫·杜瓦尔（David Duval）甚至在击球时都不用看球，因为他知道这样做会限制他挥杆的力量。

为什么一些高尔夫球员能将球打得那么远

很多高尔夫球员能将球打出非常远的距离，而他们本人看上去却像是人群中最瘦小的。我们来看看查尔斯·豪维尔三世（Charles Howell Ⅲ），年轻的美国巡回赛选手。他体重很轻，身材也不是特别高，但是他却是世界上能将球打得最远的球手之一。原因就在于他的盘绕。他能将肩膀扭转90°，而在下半身保持不动的情况下可以将身体扭转40°。这上、下半身之间的位置差异就是他能将球打远的能量来源，而在将球打出之前他的身体就像一个弹簧一样扭转。弹性带来力量。

重心转移

创造有力而连贯的挥杆，你必须全面地运用所有的技巧。这就是说要用你的全身来击球，而不仅仅是手和手臂。为了恰当地做到这一点，你需要有效地转移重心：上杆时你的重心从球的后方向身体右侧移，然后在击球时再移到左侧。

正确的重心转移

击球准备

像我们经常做的一样，完美的挥杆过程意味着在击球准备时就要做得正确。以你习惯的挥杆动作开始，要把身体60%的重量都放在右脚上。这会在第一次移动的过程中有所帮助。

半挥杆

当上杆到一半时，你要保证大部分重心已经转移到身体右侧了。但不要过度，在向后挥杆的过程中只要感觉到你的重量压在右脚内侧就可以。在挥杆过程中的每个动作都要放松并且有所控制。

顶点

在上杆的顶点，身体重量的80%要在右脚上，只有20%是在左脚上。这就是说，特别是在你柔韧性不好的情况下，左脚脚跟会轻微离地，这样很好，而头部会跟着移动。现在，你已经为下杆做好了充分的准备，也准备好了将重量转移到身体左侧再传递给高尔夫球。

常见错误：上杆

重心在左侧

初学者的一个常见的问题就是错误的重心转移。在挥杆向后时不是把重心转移到右侧，而是伸直右腿，将重心留在了身体左侧。

身体向后倾斜

当你将球杆挥出，身体的重心无处放置，只能向后，从前脚转移到后背。你的重量没有传递到球上，那么结果就是弱势击球，这种情况下就无法控制球的方向，而球的弹道也很少是直线。如果球员的结束姿势是向后倾斜就叫做左轴转，这是在所有的高尔夫球场上都常见的景象。

集中精神……

"缓慢而低沉"——这能触发一系列顺利的动作到达挥杆的顶点。

"将后背转向目标"——这会鼓励你肩部的转动以及身体的盘绕，在挥杆过程中能产生力量。

上杆动作的检查清单

- 挥杆时要缓慢而低沉
- 保持球杆在目标线上，上杆不能在线外也不能在线内
- 左臂平行于地面时要曲腕
- 将肩膀转到顶点，此时也要保持曲腕
- 右膝弯曲，将身体80%的重量转移到右脚上

最好的球员也会出现这些情况

何赛·玛利亚·奥拉扎宝（Jose Maria Olazabal）拥有两届名人赛冠军的头衔，但是她打球时就会出现左轴转。在她用1号木杆和其他木杆时会很吃力，但是在用到较短的铁杆时却很少有人能比得过他。不是每个人在果岭上都是那么有天赋的，所以练习重心的转移是至关重要的。

下杆

🕐 45分钟

🚩 **目标：**创造良好的过度和有力的击球位置。

难度等级：2级 ⚫⚫⚪⚪⚪
需要准备和练习。

下杆和上杆一样都需要过程平顺而有所控制，保持肌肉放松的同时也要在回杆击球时有自然的节奏。

练习技巧

做做这个简单的练习。挥杆到上杆顶点，然后在下杆之前短暂地暂停一下。感觉自己很懒惰，就像你不会在这次击球做任何努力，唯一的力量来自重力的作用一样。这个小暂停一定要非常短暂，可能还不到一秒钟，聚集了你挥杆过程中需要移动的部分，而且停止手臂的下杆动作。

重心转移

1

这是挥杆开始向下的瞬间，你开始拉回球杆击球。通常这是整个挥杆过程中最重要的环节，决定了你是否能干净利落地击球。你必须在这一刻开始将身体的重心向左侧转移，而且要保持挥杆的速度。

2

你的下杆动作应该从臀部向左侧的扭转开始，同时上半身开始打开盘绕，左肩离开下颌。如果你从手臂开始，就会造成击球吃力。你要做的是从下半身开始下杆动作，然后其他部分开始跟随。

常见错误：下杆

挥杆过度

如果你在挥杆时过于向后用力，而且想让自己看上去像约翰·戴利（John Daly），那么你的左臂就会在挥杆到极点时产生弯曲。在开始下杆时，你会把力量用在伸直左臂上，而这个力量原本应该用在击球上。几乎所有的高差点球员都需要缩短挥杆距离，这样在挥杆到顶点时左臂是伸直的，这样下杆时才能做到更有力，更连贯。

从右肩开始挥杆

这是在高尔夫中最常见的问题之一：从上半身向下开始下杆，更严重的是，动作是从你的右肩开始的。这是高尔夫球手太有攻击性而且努力击球的结果，而不是挥杆动作的结果，这就是我们说的"挥杆过顶"。几乎所有击出右曲球的球员都会遇到这个问题。试试练习"杆头套"这种技巧，这能够改善你的挥杆。

练习
杆头套训练法

在你的右臂腋下夹住一个杆头套，然后练习挥杆。在上杆到顶点的过程中保持杆头套的位置不动，然后开始下杆。如果在下杆的过程中杆头套掉下来，你就是挥杆过顶了，而且没能有效地做重心转移。不断练习直到你找到感觉能在下杆时将右手肘部靠近身体为止。现在击打练习球，不断重复这个动作。

击球区域

挥杆的过程中最重要的就是击球瞬间。如果你能在击球时保证球杆头对球的方正，你就能将球直线击出。所有的准备过程、练习和技巧都是围绕这个瞬间展开的。

击球的瞬间是挥杆过程中最重要的部分，了解到这一点就意味着掌握了基础技能。

半路向下

1

在上杆的过程中，当左臂与地面平行时，你要弯曲手腕，并且在下杆时也要保持这个角度，直到手臂自然伸直击打到球。保持这个动作的时间越长，球杆击球速度越快——只要手的动作够快。

2

试图或自然地保持这个角度是不明智的，因为这可能防碍你接下来的所有动作。但是如果你加快打球速度，就能增加击球距离，所以理解到这一点会对你有帮助。

重心的检查

下杆的半路中，你的重心应该有力地转移到身体的左侧。想象一下，你好像正在将球丢出。你应该抬起后脚，然后在投球时把重心转移到前脚上。这个原理在高尔夫中同样适用——你已经抬起了身体的右侧，现在你通过转移重心到身体左侧而把力量重重地"丢出去"。

击球

1

在击球方面没有任何技巧可言。无论你在挥杆的过程中对这个动作做过什么努力，好的或坏的，都会被揭发。如果每样东西都依据计划进行，你能在球道上把球击出很远而且击出的是直线球。如果你在击球准备时，上杆的过程中或在下杆过程中有任何不正确的地方，球就会失去控制。

2

在击球时，头部要保持在球的位置之后，如果头部向前倾，你会发现很难让球杆方正。臀部会自然地在你击球时向左侧移动，留下足够的空间移动手臂，而你应该把身体重量的70%转移到身体的左侧。

将你的
精神集中在……

想象一下球是在偶然的情况下摇摆出去的，是球杆随意打到的，而不是经过精心准备后的击球。这会帮助你顺利地击球。注意在挥杆的过程中感觉球的飞行。

高尔夫挥杆中击球的那一刻对每个人都是一样的。如果你发现自己正在练习的某种技巧很古怪，但却很管用，不要担心，如果你觉得管用，就值得将它保留下来。

击球动作的检查清单

● 头部在球的后方
● 击球时手腕伸直
● 重心在身体左侧
● 左膝向前倾斜在前脚之上

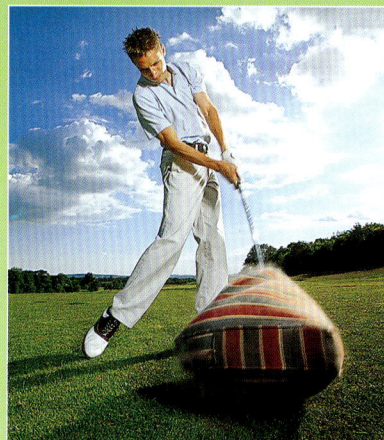

练习
击球姿势

练习击打球袋或者大的旧沙发垫能改进你的击球姿势。跟高尔夫球相比，靠垫能提供更大的阻力，所以当你击打时，重心转移的过程会更有力。这也将在你接触球时给你一个姿势是否正确的提示。如果你的姿势够好，你就有更大的机会打出好球。

结束动作

尽管在你结束时会有很多元素能够帮助你完成挥杆，但是你的结束动作将是你挥杆方式的反映。

释放

释放球杆是你上杆时曲腕的结果。在你击球时要伸直手腕，它们在你击到球后会翻转过来。如果做不到这点，你击出的球会向右侧偏移。

这是你提前曲腕的自然反映，但是如果你在送杆的动作中能试着去创造一个镜子影像，想着曲腕、再曲腕，你的挥杆会增加额外的速度和力量。

延展动作

当你的球杆击打到球时，手臂完全伸展。如果手臂在击球时或在击球后发生弯曲，你的球杆会打到球的上部，与目标线正好相反。延展动作只会持续一秒钟，但却是一个不错的想法。

想象完全伸展的动作将阻止你挥杆太过迅猛，帮助你击打到球的下方相反的位置。这会帮助你把所有在上杆过程中产生的力量传递到球上。

完美的结束站位

以有控制的、平衡的站位结束挥杆，意味着你完成了一次有控制的、平衡的挥杆。如果挥杆结束时，你只是从球上划过却并没有击到球或者发生了挥杆缠绕的现象，就说明你的这次挥杆是一无所获、失去控制的。因此，结束站位是一个测试挥杆好坏的指示仪。

在挥杆时以完成好的结束动作为目标，这样会帮助你在击球时加速。在上杆到顶点时你的后背面对目标，而结束站位时试着让你的腰部面对目标。头部抬起，这样你能看到球落下的位置而不要紧盯着地面看，此时，你的重心会完全转移到你的左脚上来。

下杆动作的检查清单

● 开始下杆时将重心转移到身体左侧
● 从左侧臀部开始下杆
● 不要从右侧肩膀或手臂开始
● 在整个下杆的过程中要保持手腕弯曲
● 击球时，臀部对着目标，重心在身体左侧，左膝是直的
● 击球时用力释放，延伸手臂
● 完成完全平衡的结束动作

小心停下的钟表

良好的结束姿势能反映出一次好的挥杆，但是偶尔球手也能以完美的动作结束，结果却打出了一杆坏球。他们看上去是做到了，但是结果却对他的记分卡一点帮助都没有。某个姿势看上去还不错，但是要记得高尔夫的挥杆是动态的，是一个完全移动的过程，一个好的位置不一定意味着一次好的挥杆。毕竟，就算是一个停摆的钟一天也能有两次正确的报时。

第一天结束：牢记重点

第一天讲的都是一些基本常识：握杆、姿势、击球准备和瞄准。如果你想要建立一个技术性的高尔夫挥杆，这些都是最关键的元素。如果你的挥杆有问题，你就会发现问题都是出在这些基本技能上。如果基本功扎实，你会发现真正的挥杆并不像你想象的那么复杂。

下面是前面讲过的四课中需要你牢记的重点。在你的动作走样时，把它当做一个参考工具，也可以当做对你所学技巧知识的提醒。

第一课：握杆

● 左手手背、右手手掌对着目标

● 用手指握杆，而不是用手掌

● 握杆时要放松，不能紧张

第二课：击球准备

球的位置

● 对着左脚脚跟（使用1号木杆时），球在中间（使用挖起杆时）

● 与自己的身体之间保持舒适的距离

站姿

● 后背挺直，站好，不能懒惰

● 膝盖弯曲，下颌离开胸部

瞄准

● 杆面对目标方正

● 肩膀、臀部、膝盖和脚尖都与目标线平行

重心

● 使用1号木杆时重心偏右

● 使用较短的球杆时重心平均分配在双脚上

好的挥杆始于好的站姿和做击球准备的技巧，努力练习这两个方面的技巧就能改善你的挥杆。

第一个动作要平顺而缓慢，尽可能让球杆在目标线上。

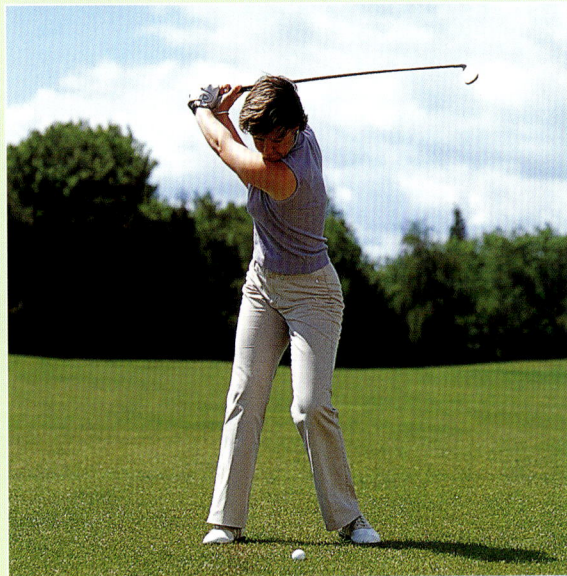

在上杆到顶点时，你的重心应该转移到身体的右侧，而肩膀要转动90°。

第三课：上杆

- 球杆缓慢向上抬起，要放低身体
- 球杆要在目标线上，上杆过程中不能在线外也不能在线内
- 手腕应该在左臂平行于地面时曲腕
- 将肩膀向上扭转，保持手腕弯曲
- 右膝盖弯曲，将身体重量的80%转移到右脚上

第四课：下杆

- 在球杆开始向下运动时，将重心转移到身体的左侧
- 从左侧臀部开始下杆
- 不要从右肩或右臂开始下杆
- 在下杆过程中保持手腕弯曲
- 在击球时，臀部面对目标，重心在身体左侧，左膝伸直
- 击球时用力释放而且延展手臂
- 结束动作要平稳

本能的挥动

尽管我已经详细地讲过了在击球时的每一个动作，但是我必须反复强调挥动球杆是一个有节奏的动作。你必须在击球时将一系列自然的节奏、时间和感觉融合在一起。没有这点你将拥有一种看上去不错，但是在实际应用中却毫无用处的技巧。高尔夫是艺术和本能，而不是科学和研究。如果你太注重技术，你会忽略了这项运动的本质而且无法打出好球。

在你开始挥杆向下时，通过击球将身体的重心转移到左侧，保持挥杆的平顺。

揭开真相的时刻——击球。在击球时你唯一要做到的就是保持杆头与目标线方正。

挥杆是一个有节奏、自然而本能的动作，把它当做一个简单的动作才能达到上述要求。

周末第二天：球技进阶

周末第二天：
球技进阶

正确的握杆、准确的放置球位以及完整而连贯的挥杆动作是所有高尔夫技巧的基础。但是，这只是这项运动的一个方面。如果你想成为一名体面的球员甚至是受人尊敬的球员，你就必须在这项运动的其他方面都充满自信。

在第二天即将学到的大部分技巧和提示都和完全挥杆动作的基础是一样的。当劈起或击打球道上的沙坑球时，你仍然要以同样的方式握住球杆，而且仍然要保持强势的站姿。第二天的目的是要向大家介绍其他的技巧：如何连贯地推杆；如何在果岭周围打起扑球和劈起球；如何抢救棘手的沙坑球；以及当你面对粗草区或糟糕的球位时需要做什么……这些都是在高尔夫球场上每天都要处理的状况。

在第二天结束时，你将对所有的高尔夫的术语和行话都非常熟悉，此时你就可以自己计算分数并且可以开始体验这项运动竞技的一面了。短击球和难击球产生的不满与快乐同样多。很多高尔夫球手发现在137米（150码）附近击球比在9米（20码）附近击球更容易，尽管这种说法听上去很奇怪。正如前面提到的，问题的产生都源于不正确的基本功，所以从开始学习就要掌握正确的知识，这样高尔夫才更容易成为一个整体。

术语解读

旗杆　标注球洞位置的旗杆。

果岭边缘　在果岭外围比果岭上的草长一点儿的地带。

沙坑　在场地上设计出的像火山口一样的地方，填满用来陷住球的沙子。可能设计在果岭周围或球道的边缘上。

粗草区　草较长的区域，分布在球道和果岭上。

半粗草区　在球道和粗草区之间的区域，这部分的草比球道上的草要长，但是比粗草区的草要短。

球位　用来描述球在场地上的位置。你的球位是好还是坏？

你知道吗？

当然，完整的挥杆动作是球手应该掌握的、最重要的技能。但是，在任何一轮比赛中，你有一半的击球是从果岭附近90米（100码）内打出的。从这个距离，你很有可能无法使用完全挥杆动作，所以练习短击球的技巧也是必要的。唯一一个在每个球洞都能用到的球杆就是推杆，尽管这是球员们练习最少的一种球杆。如果你的短击球技术已经达到标准，你就能够改善不利局面，并利用好击球增加分数。这同样能对你余下的比赛有所帮助。如果你对起扑球和推杆有自信，就不用害怕用7号铁杆时错过果岭，而这种自信更有可能帮助你打出一杆好球。

劈起球和起扑球

🕐 1小时

🚩 **目标：** 练习良好的劈起球和起扑球技巧以及学会在什么时候可以使用这些技巧。

难度等级： 4级 ⚪⚪⚪⚪⚪
需要努力练习和实践才能掌握击球的连贯性。

劈起球和起扑球在共同得分方面很重要，而且能够帮助你减少差点。在果岭附近时，能否击出近距离的球和一次规律的推杆就是高差点和低差点球员之间的区别。这也是这项运动中最有创意的部分，在这个部分中想象、触觉和感觉与良好的挥杆同样重要。

术语解读

两杆进洞 你经常听到高尔夫球手和评论员提到"两杆进洞"。这是一个用来描述起扑球、劈起球和沙坑球的术语。两杆进洞就是说当你打出一杆起扑球或劈起球后只用一次推杆就将球打进洞。通常你将球击打成死球，只留给自己一次小推杆的机会。优秀的球手能连贯地使用两杆进洞，极少会在起扑球或劈起球后使用两次推杆。

劈起球：握杆

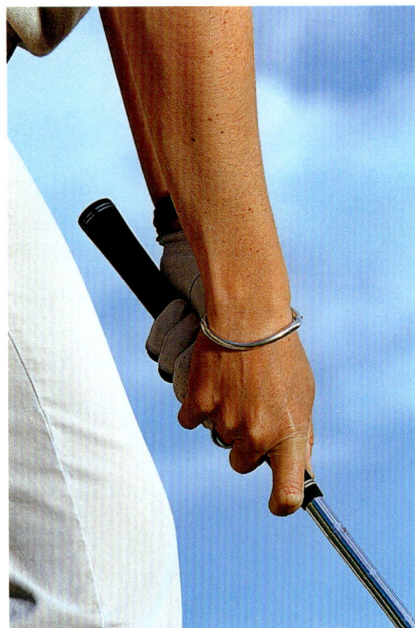

击打劈起球时的握杆

劈起球的弹道应该比起扑球长一些，尽管实际情况并不总是如此（详见63页）。球在空中飞行的距离会更远些，落地很轻，能迅速停住。

使用正规的握杆方法击打劈起球，但是握杆的位置要向杆身下移。这能帮助你更好地控制杆头而且能改进你击球时的触感和感觉。通常用劈起杆来击打劈起球，但是如果你需要击打飞行距离更远而停顿更快的球时，也可以使用沙坑杆或高吊杆。

轻轻握住球杆，手臂不要紧张。放松、松弛而且灵活的手臂可以帮助触觉和感觉。劈起球不像全击球那么机械化，它更看重的是一种本能和自然的洞察力。

劈起球：击球准备

1

　　打劈起球时，需要瞄准目标偏左的位置，留给手臂足够的空间来挥杆击球。挥杆过程中，不能让下半身移动过大，而且瞄准偏左会对此有帮助。球杆要方正，对准目标线。提示：你可以将球杆轻轻地放在草坪上，或者在地面上轻轻地摆动，这样做会帮助你释放握杆的紧张情绪，也能增加你击球时的感觉。

2

　　打劈起球时，要向下击打球的后部，干净利落地击球能让你对球的控制达到最大程度。在站位时把球往后放，做击球准备时双手向前推能帮助你做到这点。球应该放在对着你右脚脚跟的位置。务必做到双脚之间的距离要比正常的全挥杆距离更近。稍窄的站位能防止你在击球过程中下半身的移动，击出完美劈起杆。

常见错误：劈起球

击球准备姿势不对

　　通常在做击球准备时，高尔夫球员会使用正常的击球准备姿势，也就是双腿分开与肩同宽，把球放在身体站位正中的位置。如果你采用这个姿势，你的下半身移动会增多，就会很难击出连贯的球，也会很难用推杆杆面来控制球。你不能瞄准目标线平行的方向，务必保证你在击球准备时瞄准的是目标偏左的位置。

打劈起球的宜忌

宜：

√ 放低握杆
√ 轻轻握杆
√ 将身体瞄准目标左侧
√ 将球放在你站位的后侧
√ 球杆轻轻接触地面

忌：

× 紧紧握住球杆
× 站立时双脚分开与肩同宽
× 瞄准目标方向线平行的位置
× 把球放在站位中间

挖起杆检查站

任何一名体面的高尔夫球手的球袋中如果没有四根挖起杆至少也会有三根挖起杆。为了增加在果岭附近击球的多样性，要增加球袋中挖起杆的数量。一套标准的球杆要包括劈起杆和沙坑杆。通过增加一种球杆你能够有更多的击球选择，这种球杆的杆面斜度要比沙坑杆大一点，我们通常称其为高吊杆。杆面斜度越大，你所击出的球在空中飞行的高度越高，落地越轻柔，当你在向沙坑或水障碍附近的旗杆目标击打劈起球时会很有用。

劈起球：挥杆

1
在采取正确的击球准备姿势后，你就已经处在一个良好地进行顺利挥杆的位置上了。这是"手臂和肩膀"共同进行的挥杆，下半身要保持静止，用你的上半身来控制球杆。

2
挥杆是一个简单的"向后和送杆"的动作，你用手臂持杆向后，扭转上半身到背部面对目标的位置。上杆的动作决定了击球的远近。为了把球打得更远，你的球杆向上上杆的动作幅度要更大，不能和击打短距离劈起球的上杆幅度一样。当你的手到达腰部的高度，就需要弯曲手腕使球杆与手臂之间的角度达到90°。

3
在上杆的位置，你就要想到"送杆"的过程，扭转身体直到面对目标，击打地上的球。挥杆击球要主动，你必须在击球的瞬间加速，因为减速挥杆造成的后果就是那些灾难性的劈起球。在每次劈起杆时都要保持相同的节奏，可以通过变换不同的上杆长度来改变击球距离。

4

手臂收杆的距离要和挥杆向上的距离一样。这会让你在送杆击球时更加有力，并掌握坚固而紧凑的技巧。以自然的收杆动作为目的能帮助你体会击球的自然感觉和良好的触感。

常见错误：劈起杆

击球时减速

击打劈起杆时最致命的错误就是在击球时减速。在下杆的过程中减慢速度会打乱你的节奏而且会导致在半路触球、击球过低以及太远（薄击球）；或者在击球前球杆打到了草地，把它向前推出几米远。关键就是保持你的节奏和挥杆连贯的速度，但是可以通过改变上杆的长度来变换击球的距离。

打劈起球的宜忌

宜：

√ 通过控制上杆长度来控制击球距离

√ 手臂到达腰部的高度后要将手腕弯曲成90°

√ 上杆的过程中扭转背部到面对目标的位置

√ 挥杆要坚决，击球时加速

√ 将精力集中在积极、紧张的收杆动作上，手臂的挥动要和上杆的挥动一样远

忌：

× 挥杆过程中过度移动下半身

× 保持手腕在击球时伸直

× 只用手臂挥杆而不用上半身

× 击球时减速

× 集中精力保持头部向下，而这样会影响球杆的挥动

就算是世界上最好的高尔夫球员也会在18个球洞中错失一个进攻果岭球。这就是说如果要得分，他们必须击打出高质量的起扑球，要自信而连贯。这就是这项运动的终极目标，让球进洞并得分，这样可以减轻其他球洞的压力。

术语解读

近击入穴 打近击起扑球。

起扑滚地球 强调球落地后滚动效果的起扑球。

高吊球 球击出后高高飞出，但落地时轻柔，而且不会滚动过远。

释放 球落地之后会按照惯性"释放"，滚动入洞。

打好起扑球能保证良好的得分，能救出坏球。如果你能打好起扑球，就能减轻其他方面的球技缺失所带来的压力。

起扑球：击球准备

1

和劈起球一样，如果你在做击球准备时双脚分开，就更容易击出起扑球，要注意将你的身体向目标左侧瞄准。将你身体大约60%的重量放在身体右侧，让球杆杆面面对目标。握杆不要太紧，要放低握杆来让自己更容易控制杆头。

2

球杆的杆身、你的左臂和手应该沿着球的方向成一条直线。把球放在站位靠后的位置，让它再次和右脚脚跟相对。双脚与球的距离要比击打劈起杆时近。两脚之间距离要窄，这样能让你在击球时保持下半身静止。

常见错误：起扑球

重心完全置于身体左侧

击球准备的问题往往来源于对好建议的误解。在击球准备时要将重心放在身体左侧，但这不能排除好的平衡和强势站姿。保证你的重心偏左而不是完全放在身体左侧，那样限制肩膀的移动而且会导致由手部带动的击球。

击球准备过于平行

击球准备时不要太平行于目标方向线，否则，你会发现你击出的球会偏右。要轻轻地打开双脚，左脚后拉，留出足够的空间让挥杆通过你脚尖之间线。同样，不要打开过多，否则，你会发现在击球时很难做出连续的击球动作。你要通过瞄准时偏左来留出足够的挥杆空间，但是不能过度。

劈起球和起扑球的区别

这两种击球方法的区别并不像大多数高尔夫球员认为的那样，是距离上的区别：近距离击打起扑球，较远的位置时采用劈起球。这实际上并不总是准确的。有时你可能发现自己从棘手的滨海球场45米（50码）处打出了起扑滚地球，也能从柔软的果岭上30米（33码）处击出精准的劈起球。打起扑球时，手不能高于你的臀部。在打劈起球时，手通过臀部时要曲腕。了解这种差别很重要，因为这将确立你击球的框架，让你对自己的挥杆充满自信并在击球时不再犹豫。

起扑球：**挥杆**

1

如果采用了正确的击球准备姿势，就能击出稳定的击球。记得要在球的上方感觉舒服——高尔夫击球靠的是感觉，要发挥想象力。如果你感觉不好就很难有好的触球。

2

用肩膀的力量挥杆，沿着脚尖线向后拉起球杆。你要在击球准备时提前确定位置，这样你才能保持击球过程中球杆杆身与手臂前端的角度。在挥杆过程中的任何一点都不要让杆头超出你的手部。

3

在击球时，你要回到击球准备的姿势。上杆的长度决定了击球的速度，上杆的长度越大，球飞行的距离越远，而且杆面斜度会将球向空中抬起。

4

挥杆到稳定的姿势，尽可能多的让球杆杆面在手的后面。你要让左前臂向目标方向移动，因为在击球时加速能保证利落的击球。

常见错误：起扑球

顶级秘籍

几乎所有的球杆都能用来击打起扑球。选择球杆时，要考虑哪一种球杆能让球在推杆表面滚动速度快，就选择这个球杆，可能是7号或6号铁杆，并不一定使用劈起杆。

用手将球抬起

常见的问题是高尔夫球手尝试用手将球打到空中而不是让球杆杆头来完成这个动作。这样将会导致其在击球时伤到自己的手腕，也导致球被薄击而越过果岭。手腕的任务就是牢牢地握住球杆，应该从肩部发力而保持相关手的静止，过多的使用手腕会带来问题。

击球时减速

在击打起扑球时最大的问题就是减速。一旦你在击球时犹豫不决而且减慢击球速度，就会失去手部和肩膀之间的联系，会导致铲地球（击打到太多草地而击球力量不够）或刀削球（击球力度过大而扫过的草地不足）。大胆使用起扑球而且在击球时要坚定地给球杆头加速才能击出好球。

起扑球宜忌

宜：

√ 通过控制手臂向后上杆的长度来控制击球的距离

√ 整个挥杆过程中保持手腕的牢固

√ 击球时要回到击球准备的位置

√ 积极的挥杆，在击打到球的瞬间加速

忌：

× 在击球过程中过度使用手腕

× 在挥杆的过程中让杆头的位置超出手的位置

× 挥杆的过程中过度使用下半身

× 击球时减速

练习

为了让你的短击球更进一步，你需要在练习果岭上练习自己的起扑球。起扑球是这项运动中非常有趣的并且充满想象力的部分，你能试验和发展良好的球技。下面列举出来的是一些在练习过程中可以帮助你进步的关键词：

- 技巧
- 感觉
- 想象力
- 自信

技巧：左腕握牢

为了让你的技术过硬，为了阻止你在击球时手腕的轻弹，试试这个简单而有效的练习。在左手的手套后面插入一个梳子或铅笔，这样它能够和你的手腕一起移动，就好像在手腕上安装了一个夹板，让关节变得僵硬无法弯曲。

现在放好铅笔，开始做一些击球练习。如果你尝试弯曲手腕，铅笔或梳子就会轻轻插入你的手臂上或者让它很难

感觉：把球丢出

练习连贯的击球感觉有一个好方法，就是把球丢出去。把你的球杆和高吊杆、前手臂和一系列的球"丢"向一个目标。你会非常吃惊，自己竟会那么准。我们天生就有内置的天然感觉，如果你把球丢给什么人接住，你不会把球扔过对方的头部，也不会打到他的脚。所以通过向一个目标投掷高尔夫球，能给你一种自然接触的感觉。现在站在起扑球旁，想象自己要把球丢向一个目标，预计打中目标要用多少力量，并把这种感觉应用在你的起扑球上。

想象力：只用一个球来打起扑球

1 带着一个球和从劈起杆到5号铁杆中挑出的球杆到果岭上去。

2 使用杆面斜度最大的球杆将球起扑进洞——注意果岭上球杆的反作用而且在头脑中做好记录。

3 捡回球，用下一个杆面斜度的球杆再打一次起扑球。

4 用每一个球杆都打一次球，记住每个球杆的反作用。通过用这一个球的练习，你将注意力集中在球杆的反作用上，掌握在使用不同的球杆时球的不同的旋转和滚动程度。

伸直。通过这种方法可以让你在击球时防止过分的曲腕，你将会拥有更利落、更连贯的击球。

自信：以落地区域为目标

如果你正为球感不佳和自信不足而烦恼，可以在果岭周围放上三四个球杆套或汗巾。分别向这些替代品击打起扑球，但是只把他们当做落地区域而不是最终目标。你越集中精神将球落在这些区域，就会越少沉迷于击球的结果。这会帮助你建立打起扑球的自信。

起扑推杆

在你离开果岭后，球到达推杆区域之前，你需要给球施加一些杆面斜度，这时可以试试下面的技巧。

1 选择7号或6号铁杆，用握推杆的握杆方法握杆。

2 在做击球准备时就像是要击打推杆球一样。

3 用推杆的方法来击球。

这是用有杆面斜度的球杆来打推杆球的方法。可以让你更多的控制距离在9米（10码）左右的短距离起扑球，你只需要简单地把球打出，越过果岭边缘，让它尽可能快地滚动。

落在果岭的平地上

一旦你已经把球击出，就不能对结果施加任何的影响了。然而，即使瞄准果岭上最平坦的地方也要将球的反弹考虑在内。如果你很不幸，球的落点非常糟糕，但是如果球的反弹角很好，球就会落到距离球洞很近的区域。所以在选择球杆时，要考虑到果岭的摩擦，而且要挑选胜算最大的球杆。

沙坑球

⏰⏰ 90分钟

🚩 **目标：** 建立对果岭旁和球道上的沙坑球的理解。

难度等级：3级 ⚪⚪⚪⚪⚪
只要克服恐惧，事情就简单多了。

把球打出沙坑和粗草区对初学者来说是经常遇到的问题。这两种障碍都很棘手，但是也都不是不可战胜的。处理粗糙的球区是这项运动的一个基本部分，所以从其中最简单的部分开始吧——果岭旁的沙坑。

果岭沙坑球——握杆

可以使用沙坑杆或高吊杆来把球从果岭旁的沙坑中救出，因为这些球杆就是专门为这种地面设计的。用普通的握杆方法来握住沙坑杆，但是要适当打开杆面，让杆头能够瞄准目标右侧，而不是一般的瞄准位置。

沙坑球：击球准备

1
球杆要适当打开，你的双脚、双肩和双膝向目标偏左的位置瞄准。与此同时，球杆的杆面要正对目标，通常这个目标应该是旗杆。

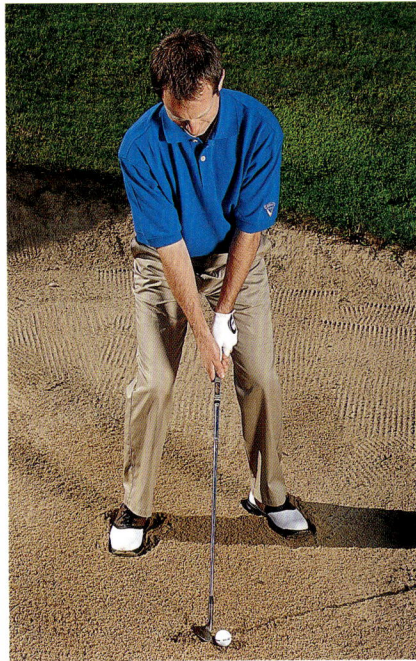

2
把双脚陷进沙地中可以为挥杆建立一个坚实的地基。这样做也会让你对沙地的构造有所了解。弯曲膝盖的幅度比平常击球时要大一点，感觉自己的站姿更低。球位在身体前方，球杆在沙地上摆动（这会和在沙坑中把球杆放在地上的规则相违背——详见12页）。

击球准备的检查清单

- 打开杆面，然后握杆
- 身体瞄准目标左侧
- 将杆面方正对准目标
- 双脚陷进沙地里
- 调整站姿时球位向前，摆动球杆

沙坑球：挥杆

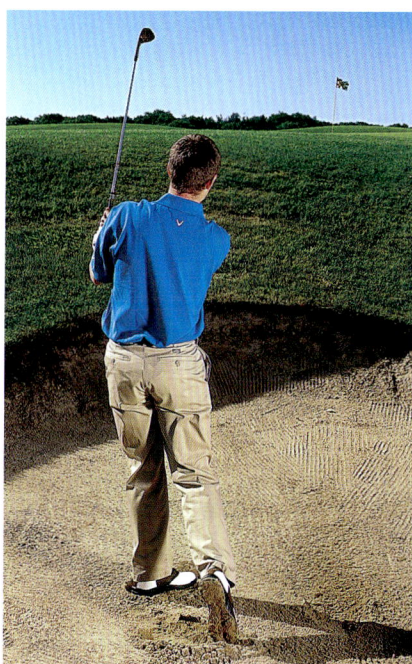

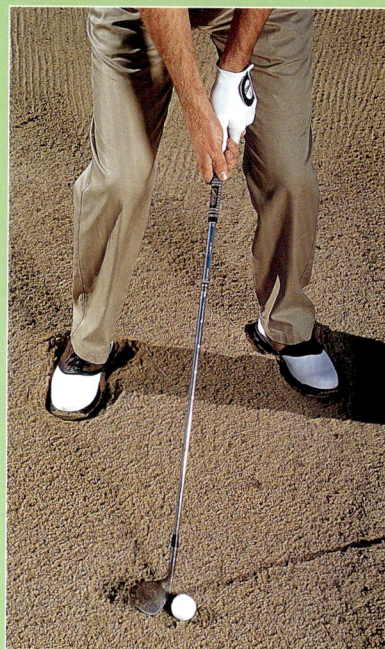

1

在击球准备时做了一些调整后，你就已经准备好进行一次良好的沙坑击球了。沿着身体的直线挥杆但是不要面对目标。想象沿着你的脚尖线挥杆，要沿着这条线挥杆向后到上杆的顶点。上杆要相对短一些，让手腕弯曲，手臂放松，挥杆过程中任何的僵硬和紧张都会产生问题。

2

为了大力将球击出沙坑，杆头要在球后面稍稍向下击打到障碍区。球杆的设计以及你在击球准备时做的调整都能从沙坑中溅起一些沙子，用这些沙子把球带出沙坑。不要让球杆深深地陷入沙子中，但是要在沙子上面滑过，把球和沙子击打到球道上。

3

击球时的加速很重要，如果你的目的是有力的完全挥杆，这么做会有帮助。不要把球杆挖进沙子中，让球杆正常挥动，但是挥杆的目的是要让球飞出沙坑并以一个有力的动作结束挥杆。

规则检查

沙坑在高尔夫球规则中被认为是一种障碍区，而水障碍则是另外一种。障碍区是有特殊规则的。球杆不允许在击球之前碰到沙地和水面（也叫grounding，接地），否则，你将被处以一杆的罚杆。

沙坑策略

1 击打沙坑球的黄金法则是：在沙坑障碍中只能击球一次。这就意味着将球击至人行道之外或从旗杆处击球，可以让自己有机会在下一次击球时更出色。

2 如果你能尝试更接近，不要选择球洞作你的目标，而是应该选择旗杆顶端作目标；试着让球降落在旗杆的位置上。这会帮你在击球时加速，也会弥补沙子对球的阻碍所造成的减速以及击球距离的缩短效应。

练习：在沙子上画圈

1 为了增加自信，建立对沙坑球的良好球感，在沙子上丢下一个球，用手指在周围画上一个小圆圈。这就是你在击打沙坑球时要带起的沙子量。

2 集中精神击打沙子上的这个小圆圈，根本不需要打到球，你只要简单地把圆圈中的沙子打出沙坑，顺便把球带出来就可以了。球飞出时下面有沙子垫底，会轻轻地落在果岭上。

练习：球的线路

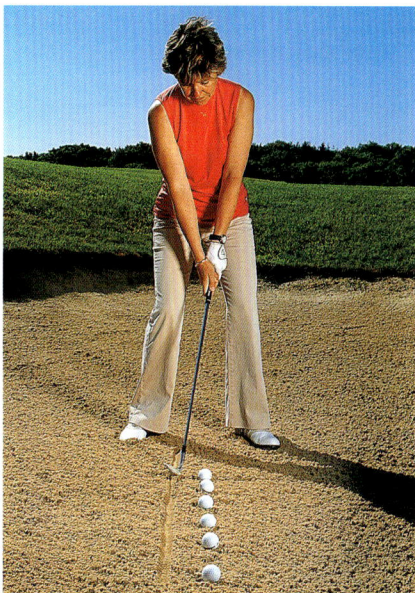

1

在沙子上的球与目标之间的连线右侧画出一条线，在距离线5厘米处放置6个球，在每个球之间留下足够的距离。在线上的第一个球前做好击球准备。

2

你要击打这条能让球飞出沙坑的线，然后沿着这条线移动，打出所有的球。击球时加速，你会更连贯、更有自信地把球打出沙坑。

常见错误：沙坑

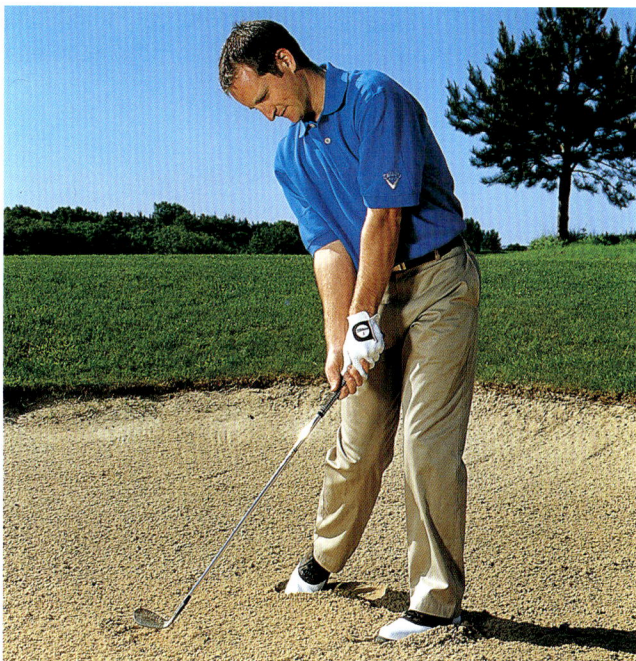

击球时杆面关闭

握住球杆然后打开杆面。你必须首先打开杆面，然后再握住球杆，如果用其他的方式来处理，会导致击球时杆面关闭。

没有沿着身体直线击球

面对目标击球，没有沿着身体的直线。瞄准目标左侧击球时必须沿着身体的直线挥杆，而不是向着目标。打开杆面能让球沿着直线飞行。

击球时减速

如果你挥杆时犹豫了，下杆时减慢了速度，就会带起过多的沙子而让球陷入困境，或者击球过度，导致薄击通过果岭。要积极地加速而且顺利地完成整个动作。

使用合适的球杆

高尔夫球手常见的错误就是在救沙坑球时使用了错误的球杆。通常高差点的球员总是避免使用沙坑杆，这就是个错误。沙坑杆是在你技术成熟后使用起来最简单的球杆之一。这个球杆会增加弹力，这是因为在杆头前缘后面有宽宽的铁。这种反弹使球杆在滑过沙子时像冰淇淋铲子一样挖起沙子和球。

球道沙坑球

正确的击球准备选择，理智的球杆选择和出色的策略将战胜任何球道上的沙坑魔鬼。乍一看，135米（150码）以外的沙坑击球看上去不可能，但是，用下面的这个建议会给你自己带来惊喜。

球道沙坑：击球准备

1

打这种球的目标就是干净利落，带起尽量少的沙子。击球时带起的沙子越多，转移给球的力量就越少。试着轻轻地薄击球而不要带起一大块草皮。握杆稍紧一些，这样会帮助你击打薄击球。

2

做击球准备时放低握杆，而且要让双脚之间的距离小一些。让球处于站位偏后的位置，不要让双脚陷入沙坑中。这种击球准备姿势会让你的身体在挥杆时保持静止不动，也能帮助你干净利落地击球而不会挖起太多的沙子。

球道沙坑策略

预估一下你面对的情况，预测你击球的目标。你能越过果岭前的水障碍吗？你能将球击打到沙坑边的旗杆处吗？答案很可能是否定的。5号铁杆真的能越过沙坑的边缘吗？通常情况下是做不到的。利用以下这些规则来为球道上的障碍球处理做出正确的决定，会让击球结果改善不少。

1 所有沙坑球的目标都是用一杆把球救出—— 这是要优先考虑的。

2 挑选一支比你常规印象中在球道上击打相同距离所用的球杆更长一点儿的球杆。

3 这个球杆的杆面斜度足够将球击打出沙坑的边缘吗？如果不能，就要选一个符合这个标准的球杆。

4 如果你冒险在球道上将球尽可能远地击出能得到什么？通常从90米（100码）击球会比45米（50码）更容易一些。

球道沙坑：挥杆

1
　　当你挥杆向后时，想象自己正在一个6米高的薄玻璃框上击球。你必须要小心翼翼地保持平衡，双脚不能做过多的移动，而且球杆不能碰到球下面的玻璃，否则，玻璃会碎裂，你就会掉下去。

2
　　挥杆要"安静"，你要用精力旺盛的上半身击球，下半身则要静止不动。这样会减少击球距离，因此你要选择一个击球距离更远的球杆。你要尽可能少的接触沙地。

3
　　你会觉得在送杆过后毫无收获，但是如果保持下半身静止，只用上半身平顺地挥杆，就可以只击打到球，而且动作干净利落。更长的球杆能帮你弥补距离上的损失，要尽可能少的带起球下的沙子。

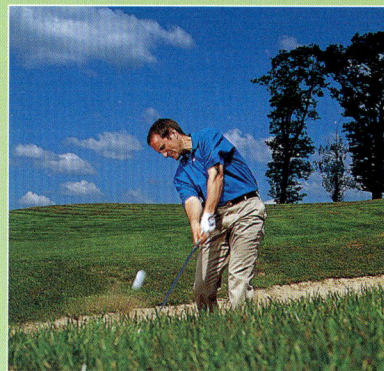

球道沙坑球的宜忌

宜：

√ 放低握杆

√ 握杆时手要稍微紧一些

√ 双脚之间的距离更靠近一些

√ 选择击球距离更长的球杆

√ 尝试轻轻的薄击球

忌：

× 让双脚陷进沙地里

× 使用杆面斜度太小的球杆将球救出果岭上沿

× 击球形成凹洞

难击球

2小时

🚩 **目标**：掌握在难点救球的技巧。

难度等级：4级 ●●●●●
了解你的局限性以及理智的救球。

难击球球位

在高尔夫运动中会出现这样的情况：你打出了225米（250码）的球，球飞出了球道，你却发现你的球落到了别人没来得及修补的旧草坑里；或者球陷到了一片草地里；或陷入了旁边的泥坑里；更糟糕的情况是把球打到了沙坑里，而且你发现球已经陷入了沙子当中，就像一个煎鸡蛋，只能看见球的上半部分。上面所有提到的这些难击球情况，解决办法都是一样的：选择简单的击球准备动作，积极地挥杆。

难击球的击球准备

1
对于大多数难击球球位来说，击球准备上的变化是相同的，因为规则是一样的。你需要让杆头在某种程度上接触到球，不管周围是树叶还是草地。首先要做到放低握杆，并要使用有足够杆面斜度的球杆。

2
站位时双脚所处的位置要稍微向后移，双手稍微向前伸。这样就形成了"V"字形挥杆的动作，这个姿势对于击打球位陡峭的球很有帮助，而且能把球击打出粗糙的区域。把这些击球准备的变化当做一种储备的救球技巧。

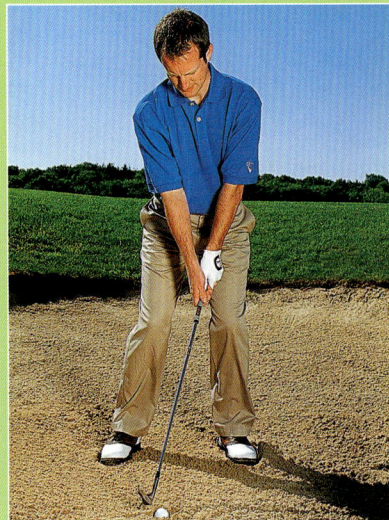

沙坑中的半埋球位

这不像普通的沙坑球，你将需要向下挖进沙子里才能击打到球的底部。这种情况下，要用杆面闭合代替打开的杆面。双脚瞄准目标，站位时球位向后。你需要用杆头向下深挖才能到达球的底部，就像樵夫伐木一样。不必担心送杆的动作，只要努力挥杆击打球的底部就行了。当这种情况出现时，球不会有旋转，而且会在果岭上滚动更长的距离，所以要注意这一点。

从草坑中击球

1

从草坑中击球和从其他任何一个难击球地区，特别是粗糙球位击球，是很相似的。当你在击球准备上做了相应的变动后，挥杆时也要有所控制，要有力但是不要忘记节奏和技巧。将球竖直击出，击球之前曲腕。

2

向下击打球的底部。你要在草坑中再挖出一些草皮，但是要保持自己的节奏。你的手在整个挥杆击球的过程中都要在杆头之前，而且需要在击球时保持手腕挺直。

3

送杆的距离要短，因为你要在击球时保持手腕挺直，而且在向下挖入草地中击打球的底部时会带起很多草皮。你可能会发现在击球的过程中球会从左侧滑向右侧，所以瞄准时要稍微偏向左侧一点。

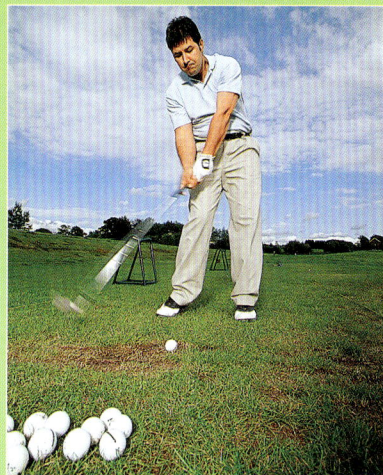

练习难击球

当高尔夫球手们遇到球落在棘手地区时会抱怨自己的运气不好，比如球落在了草痕中，上坡球位，或陷入了沙坑中。但是，他们忘记了那句由南非传奇球员加里·普莱尔（Gray Player）说的高尔夫球中最著名的格言："我练习得越多，我就越幸运。"到练习场地去吧，找一块布满草痕的地方，练习从这些地方击球。把几个球埋在练习沙坑下面，尝试不同的救球技巧。找一块球道旁的倾斜的球位，不断击球直到你掌握各种球的反应。通过这些练习，你能够学会这些位置上那种令人惊讶的击球连贯性。

处理难击球

　　高尔夫是一种决策性的运动。从棘手的区域击球，你的决策能力会得到最大限度的检验。粗草区是富于变化的、令人厌恶的地方，处理这里的球，你需要正确的工具和丰富的经验。当你陷入了树林区，用一些理智的措施可以帮你找回分数。

　　当你发现自己处在一个尴尬的境地时，这些提示能帮助你做出正确的决定，正确的决定将帮你掌控比赛，而不是毁掉记分卡。

从粗草区击球

1
　　如果你在粗草区的击球已经结束了，你需要知道球能向前移动多远。你也许能到达果岭，但如果做不到，将球尽量沿着球道往远处击打并不是一个明智的做法。尝试给自己留一段你觉得舒服的距离。如果球位很糟糕，调整站位时应把球位向后移；如果球位还可以，就把球位调整在中间。

2
　　你绝对不要像处理球道上的好球位时做的那样，给位于粗草区的球增加旋转的力量。原因是，在粗草区时，球杆上的凹槽和球之间会夹进一些草，这将增加球的旋转，所以没有和这些凹槽的接触，球在空中飞行的距离会更远，落地后会继续向前滚动。注意这点，特别是当在粗草区上从你所在的位置到旗杆是干净的路段时，否则，你打出的球会比你最初设想的距离要近。

3
　　击球准备上的变化将导致你的挥杆更接近球的底部。球位越粗糙，挥杆就要越向下。你需要增加更多的力量来避免杆头和草卷在一起，将球拖向左侧。处理所有的难击球时，不要担心最终的结果。只要简单的用力挥杆击球就可以了。

曲棍球击球方法——救球方法

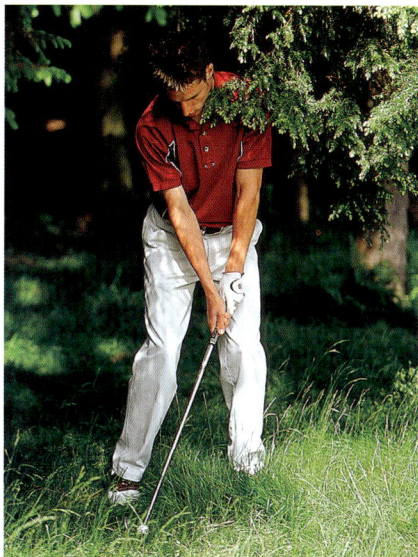

1

当你身在树林中并且要把球击打到果岭上时，曲棍球击球法是一个把球打回球场的好方法。让球处于靠后的球位，双脚闭合，使用6号或7号铁杆，握杆向下。你要打出一杆低飞球，把球打到球道上的安全区域。

2

挥杆向后直到左手手臂与地面平行，不要再向上了——这就是所说的半挥杆。在这个位置将手腕弯曲90°，下半身几乎不动。你要保持球的低飞，而且球要飞出足够远的距离，超越树上的树枝和树叶。

3

击球结束后的送杆高度要和上杆一致，达到右手手臂与地面平行的程度。务必在击球时加速，否则，你将由于抓球无力而把它留在粗草区。

难击球规则

7/10规则 你羡慕塞维·巴列斯特罗（Seve Ballestoros）的救球方法吗？我看还是算了吧。想想你的击球，你真的有能力把球从粗草区击打到180米（200码）远的大橡树附近吗？如果你认为自己能在10次击球中做到7次，那么你可以这么做。如果这种情况很少发生，那么就要用起扑球把球打到旁边的区域。

梦幻135米（150码） 当你需要将球救出障碍区时，不要选择风险高的球杆，也就是那些只有你足够幸运才能把球打到果岭附近18米（20码）的球杆。取而代之的是，应该选择135米（150码）处的标志做替代品。一旦你在这个标志内，你就有机会把球打到果岭附近，用一次推杆或两次推杆击球进洞，但是绝对不要再多了。

在斜坡上击球

下面是在高尔夫球场上打斜坡球的快速指南。在大多数球场中很少能遇到完全平整的击球平面，比如说滨海球场，所以了解在斜坡的环境里击球所要做出的调整是十分必要的。

斜坡并不是像你最初想象的那么令人恐惧，只要在击球准备时和击球的过程中稍做调整就很容易战胜它。一旦你了解了球位对球飞行轨道的影响，你就能充分利用这个特点，通过在障碍附近调整球位，并将球击入狭小的球洞中。有一件事是肯定的，一旦你陷入了斜坡，就要借助自然的力量将球击出，而不是逆着来。

球位在脚的下方

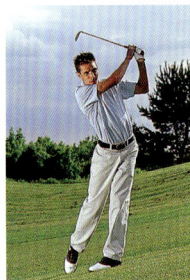

击球准备

这是在高尔夫球中最难打的球位之一。握杆偏上，瞄准时保持身体舒适。膝盖弯曲，双脚分开来维持身体的平衡。

挥杆

1 斜坡让你的挥杆角度更垂直，这会增加球的顺时针旋转，使其偏向右侧，所以瞄准时要偏向目标左侧来进行弥补。让你的手臂来完成上杆的动作。

2 不要担心在击球后失去平衡或者小跑下山坡，要集中精神保持击球的平顺与节奏。

上坡球位

击球准备

上坡球位会增加球杆的杆面斜度，所以应选择击球距离更长的球杆。脊柱弯曲适当的角度，肩膀尽量平行于所在的斜坡。把重心放在右脚上。

挥杆

1 保持偏短的挥杆距离来获得身体的平衡，在上杆时把身体的重心放在右侧膝盖上。

2 感觉你像是要把球顺着斜坡扫上去，试着不要挖起草皮，干净利落地让球杆将球带过草坪。

球位在脚的上方

击球准备

当球位在脚的上方时，斜坡会对球产生左弧球的旋转，这样球会向左侧偏出。所以为了弥补这个影响，瞄准时要偏向目标右侧。握杆向下，身体站直。

挥杆

1 尽量自然的挥杆——所有这些难击球都需要在击球准备时做出调整以及正常的挥杆。缩短挥杆距离，不要打到斜坡。

2 从挥杆到送杆都要保持平衡，注意：球可能飞得更远一些。左弧球会抵消后旋，所以球杆向下是明智的选择。

下坡球位

击球准备

把球放在站位偏后的位置，选择杆面斜度稍小的球杆，因为斜坡会减少杆面斜度。左肩下沉，后背与斜坡平面成直角。

挥杆

1 这并不是一次容易的击球，所以要保持球杆竖直，速度和节奏不变。保持重心在挥杆的过程中平均分配，球杆不要打到斜坡。

2 你要追着球下坡，不要倾斜身体试图把球抬到空中。想象你在挥杆的过程中沿着下山方向做手部的移动。

难击球检查清单

球位在脚的下方
- 瞄准目标左侧
- 弯曲膝盖
- 保持节奏

上坡球位
- 选择稍长的球杆
- 肩膀平行于斜坡
- 干净的击球

球位在脚的上方
- 瞄准目标右侧
- 选择稍短的球杆
- 放低握杆

下坡球位
- 选择稍短的球杆
- 球位偏后
- 双手沿下坡方向挥动

推杆

⏲ 2小时

🚩 **目标：** 练习推杆的基本动作和连贯击球。

难度等级：4级 ⚪⚪⚪⚪⚪

推杆是简单的击球动作，但却是这项运动中最令人有挫折感的部分。

推杆更需要艺术而不是理性。有一些基本技巧，但是允许特殊情况发生也是这项运动的一部分。而且这个环节比其他击球环节发生特殊情况的几率要高。归根结底，推杆就是要感觉舒适。良好的握杆和站姿将对此有所帮助，但是如果你觉得不舒服，你是绝对做不到连贯地推杆的。如果你观看顶级高尔夫球手的比赛，他们的技巧，从握杆到击球，在基本动作上都十分相似。推杆中首先要做的事就是握杆。

术语解读

果岭弯曲度 果岭上的斜坡，能影响球的滚动。

判读果岭 为了推杆准确，你需要"判读"果岭的弯曲度。

推杆：握杆

1
　　好的推杆，其握杆动作的目的是让双手的活动像一只手，像一个整体。推杆时，不像完全挥杆那样要曲腕且手部对力量和控制起到很重要的作用，你要做到的是完全依赖你的肩膀，而且你的握杆必须要反映这一点。最普通的握杆就是反手重叠式握杆：先用你的左手握住球杆，球杆要通过手掌心。

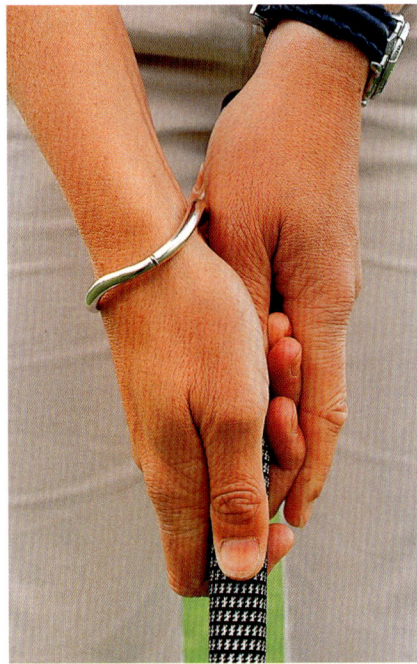

2
　　现在把右手放在左手下方，但是要保证双手的手掌相对。把左手的食指放在右手手指上，双手的大拇指都在球杆上方正中的位置。活动手指看看这个姿势手指是否舒服，而且双手要感觉像一个整体。

推杆：站姿

1

　　击球准备时良好的站姿对于推杆和整个比赛中的全部挥杆动作都是同样重要的。推杆击球准备姿势与全挥杆时相比，差异并不太大。你的手应该自然下垂，膝盖弯曲，但是不能太多，然后以臀部为轴弯曲身体，要保持后背挺直。

2

　　双脚不要打开太多。你将发现如果双脚之间的距离保持与肩同宽，那么在你击球时下半身更容易保持静止。球位靠前。检查球的位置，瞄准，用左眼盯住球，如果球在左眼正下方，那么球就处在一个好位置。

使用正确的推杆

　　对你适用的推杆对其他人来说就不一定合适，甚至可能对所有其他人都不合适，无论球杆背面或价签上印的名字是什么。坚持使用自己感觉舒适的推杆。有一个条件：保证你使用的推杆适合你击球的长度，而不是让你的击球来适应球杆。推杆距离太远或太近都会引起击球的不连贯。

推杆击球

推杆击球应该是高尔夫运动中最简单的一个技巧。你不用试图把球击打到空中，你只要做一个很小的动作让球沿着草地滚动到球洞中就可以了，非常简单吧。

和其他的挥杆动作一样，推杆是一个自然而流畅的动作。一旦你让这个动作过于复杂，你就很难保持推杆的连贯性了。通常，在挥杆过程中要保留自然的元素，否则，你就无法掌控果岭。

推杆时间

不要花费好几个小时来排列推杆和判读果岭。如果花费的时间过长，你推杆时就不是出于本能了。不要过分地分析推杆和击球。李·特里维诺（Lee Trevino）曾经说过："如果你可能推杆失误，那就让它快点失误吧。"

推杆：基本击球

1

想要获得连贯的推杆，关键就是把你的双手从击球中解放出来。你要用肩膀来推杆，这样，除了前后摆动手臂，你就不需要做太多其他的事情了。在击球准备时，你要在球杆和前手臂之间创造出一个"Y"字形并且要在整个击球过程中保持这个"Y"字形。

2

挥动球杆向后，然后径直把球打出去，感觉自己就像一个钟摆。肩膀向后摆动，保持头部完全静止不动。除了肩部以外，身体的其他部分都不能移动。

3

在击球时，应该在你挥杆上升的过程中触球。这会帮助你让球一圈一圈地滚动，以更准确的滚动通过推杆表面。保持下半身尽可能完全的静止。大多数失误的推杆都是由于腿部或臀部在挥杆过程中过度移动造成的。在推杆的过程中不存在重心的转移，因此也不应该有下半身的移动。

4

挥动推杆的杆头击球时，推杆扫过击球点，所以球在你加速送杆的过程中都在球杆前阻挡着。任何的犹豫和减速都会导致推杆失误。在打到球之后，将收杆动作保持几秒钟，盯着草地看，直到你确定球进入了进洞的正确路线上。这样能让你避免由于过早抬头和移动下半身而导致的推杆失误。

集中你的精神在……

在击球准备时形成的"Y"字形应该贯穿整个击球过程。集中精力保持这个姿势，你只要在击球过程中转动肩膀就可以了。这样，你会在击球的过程中拥有连贯性和自信。

成为古董钟。观察古董钟，钟摆摆动，但是机箱并不移动。当你在推杆时，古董钟的机箱就是你的身体，而钟摆就是你的肩膀、手臂和推杆。只有钟摆能摆动，机箱要保持完全的静止。

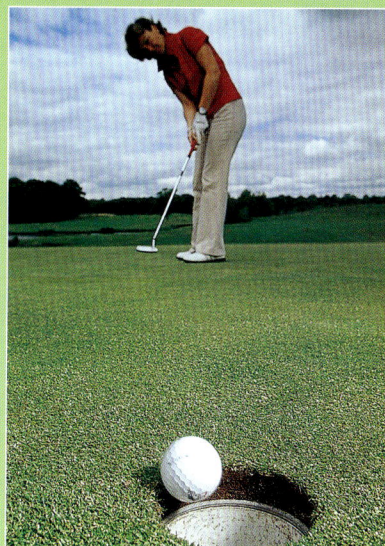

推杆的宜忌

宜：

√ 轻轻地握住球杆

√ 让球处于左眼下方

√ 舒服的推球

√ 选择适合的推杆

√ 击球时只有你的肩部在移动

忌：

× 在击球过程中下半身发生移动

× 使用手腕推杆

× 击球过程中头部移动

× 击球瞬间球杆杆头减速

长推杆

当你面对长推杆时，让球有规律地逐渐靠近球洞是得分的关键。如果你有把握从6米处或更远的地方将球打到十分靠近球洞的位置，你不但能不断得分，而且还有可能出现一些博蒂的情况。

要速度不要直线

用短短几秒钟的时间来推杆的关键就是学会快速判断球通过长距离果岭的速度。判断长推杆的果岭弯曲度并不是那么重要。如果你能把球击出正确的距离，那么打回球推杆就不会太吃力，即使有时球会停在球洞旁边。看看果岭上的大致弯曲度，再看看在最后一次转身时推杆能起什么作用。除此以外，将更多的精神集中在速度上。

长推杆

1
对于任何一次推杆，基本动作都是不能改变的。调整舒适的站姿，保持球与你瞄准的位置一致，用同样的速度击打长推杆和短距离推杆。不要太过用力击球，保持平顺的节奏和速度。

2
唯一一件你应该在推杆时做些改变的事就是上杆的长度。如果你要击打长距离的推杆，上杆的幅度就要大一些。这样会增加球杆杆头的动力，而且保持对球杆的控制。对于所有的推杆动作都要保持一致的速度，但是增加上杆的幅度能让你把球推出得更远。

3
在送杆和收杆时，保持自然的速度和节奏。你的送杆将会比短推杆的送杆稍长，因为上杆的距离增加了。在击球的过程中不要移动身体的任何部位，只需要简单地摆动肩膀，送杆时保持头部静止。

练习

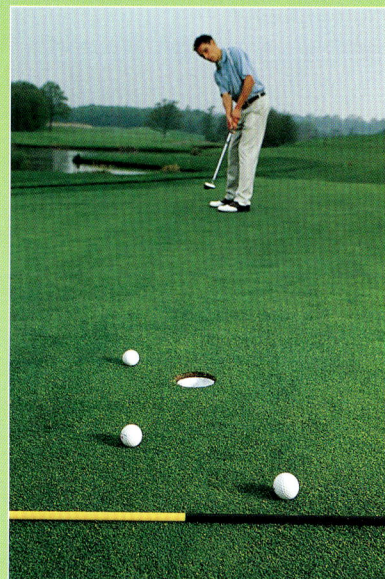

瞄准死亡地带

当你面对长推杆时，你必须让自己的目标现实一些。不要在12米远的地方就直接把球洞当做目标。取而代之的是要让球停在球洞前6米处的死亡地带。这样将会给你留下一次推杆回球的机会，也给了球一次入洞的机会。如果你身材矮小，绝对不要指望直接推杆进洞。让球正好从球洞通过，你可能会更幸运。

1

多做一些挥杆练习能帮你更好地判断果岭速度，避免出现令人沮丧的三次推杆。一旦你了解了推杆，将注意力集中在靠近洞口3米之处，站在球后，看着洞口和你的球，练习击球，试着找出合适的上杆高度。

2

现在轮到球了。练习站在球边，保持你的眼睛盯住球洞，再一次试图找出上杆的合适高度。当你的感觉合适时，站在球的上方，用你刚刚练习好的击球技巧击球。只要你做击球准备时盯住球洞，你的头脑会自然地判读推杆的速度。

短推杆

在距离球洞2米处或更靠近的位置击球，你应该不会失误。这是非常简单的，只要面对着球站着，把球打进洞就好。但是难免混进一些怀疑以及对失败的恐惧和紧张。所以，练习短推杆的技巧和心理进程将帮助你处理紧张的情绪和建立自信。

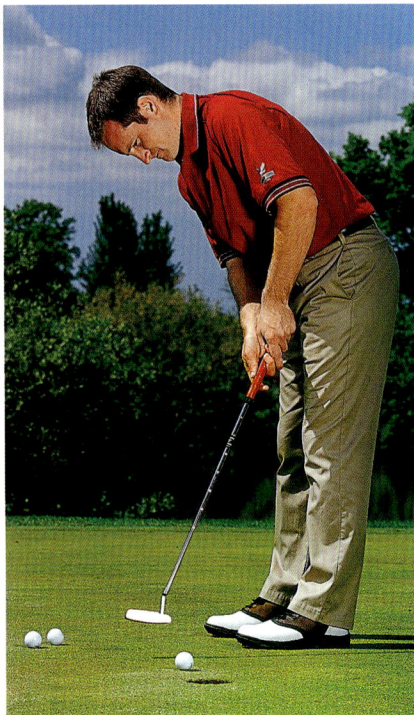

练习从很近的距离击球，逐渐把球向稍远的位置移动，直到你对短推杆充满自信。

自信是关键

这个简单的练习将逐渐增加短推杆练习的信心。在练习果岭上，在距离球洞半个推杆长度的位置放置一些球，这是个不会失误的距离。把这些球击打入洞。当你击球时，享受球进洞的感觉。然后把球向后移动几厘米远，再把它们打入洞中。如果你在这个位置失误了，要继续练习。最终，完成1米远的推杆，不断练习直到这变成你的习惯。当你能在真正的比赛中打短推杆而且没有失误时，你将感觉更自信。

短推杆

1

从这个较短的距离，你要推杆进洞。你不能思考其他的事，这样才是一次进攻性的击球。因为这个原因，要瞄准球洞的后沿并坚决地击球，因为这样可以排除果岭弯曲度对推杆的影响。

2

保持推杆的速度，在你挥杆向上、集中精力击球、送杆和摆动时都要一致。这个距离会无情地暴露出你击球的偏差。你要保持下半身静止不动，而且在击球瞬间要加速。

3

想想你的短推杆送杆动作。想象你正把推杆杆头沿着球进洞的路线挥动。收杆时球杆杆头要指向球洞的方向，同时在整个过程中保持头部完全静止不动。如果你过早抬头，就会使自己的身体移动，导致击球失误。试着用耳朵来听球掉进球洞的声音，而不要试图用眼睛去看球是否进洞。

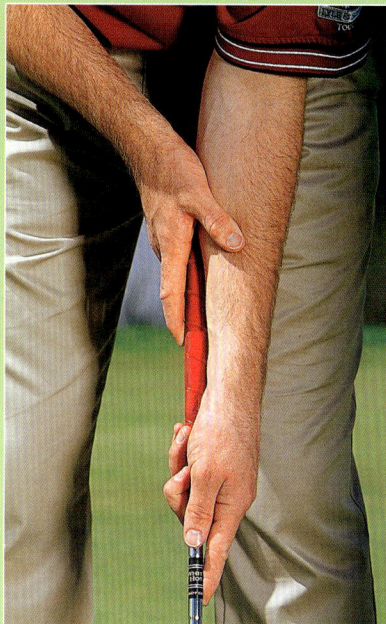

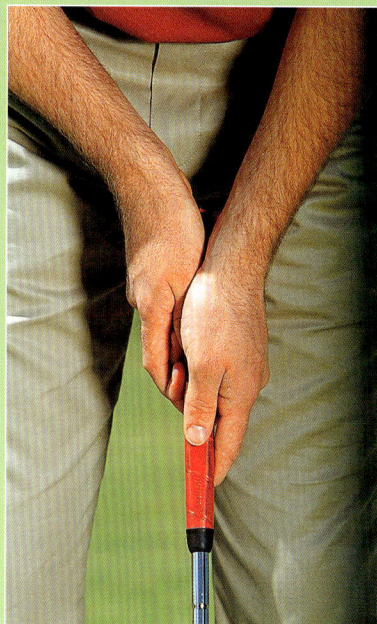

可怕的扭转痉挛症

在高尔夫运动中会遇到一种痛苦的情况就是扭转痉挛症，也称为"Yips"，它令所有的球手都害怕。有些经历过扭转痉挛症的球员对短推杆有一种近乎瘫痪的厌恶。他们无法让球推杆进洞。他们不能挥杆向上，跟着是不情愿地退让击球，这会让球越过球洞很远。扭转痉挛症能击败最好的高尔夫球员。波恩哈德·朗格（Bernhard Langer）三次战胜过扭转痉挛症。这是个正在研究的病理学问题，科学家们正在研究它的起因和治疗方法。

朗格通过改变握杆方法和努力练习来克服扭转痉挛症。技术上的改变是一个暂时但有效的解决办法，所以如果你正被这个毁掉你灵魂的问题困扰，或者如果你曾经遇到过这个问题，到练习果岭上去，尝试一些新的握杆方法吧。

短推杆的宜忌

宜：

√ 瞄准球洞后侧

√ 坚定地击球来克服果岭弯曲度

√ 送杆时集中注意力

√ 击球时加速

√ 听球掉进球洞的声音

忌：

× 在球洞前多次击球

× 瞄准球洞之外的地方

× 用眼睛看推杆的结果

× 在击球的过程中下半身发生移动

推杆程序

高尔夫是一项和压力有关运动。当你已经拥有了良好的基本功，如何选择击球的时机将决定你能否赢得比赛。推杆是这项充满压力的运动中压力最大的部分，所以你需要全部可能用到的工具和技巧来帮助你处理推杆。连贯击球前的例行准备动作将让你对自己的球技更自信，特别是在比赛进行到很紧张的情况时。每次击球前的例行准备都很重要，但是在一个球洞的最后一击时最为关键。

通常的程序

人们会采用不同的程序，你必须选择让自己觉得最舒服的那种。有一些应该与任何击球程序合成一体的普通规则（在下一页列出），无论是在果岭上还是在开球台上，最基本的原则就是：你要做自己感觉最适合的。当你刚开始打高尔夫球时，不要选择太长的推杆线路，因为没有比动作慢的球手更让人讨厌的了。你必须选择击球的程序，但是要选择最短的、从容不迫的。

经典击球顺序

1
首先，你必须判读推杆。在你一上到果岭上时就要做第一次判断，精确地估计推杆的距离，然后从至少两个角度查看推杆的角度，通常要选择从球洞后面和球后面的角度，应该在结束击球时对果岭的弯曲度有良好的认知。

2
在球后做一些挥杆练习，在你做这些动作时，要用一只眼睛瞄准球洞。试着在大脑里描绘球战胜果岭弯曲度后进洞的线路。当你在头脑里有清晰的印象时，你就可以准备击球了。

3

做最后的推杆练习，要保证你的挥杆动作对即将要进行的推杆是恰当的，把推杆杆头放在球后，最后看一眼球洞。坚信自己的准备工作和观察，目光回到球上，在两秒钟之内将球打出。

4

击球程序的时间控制是关键。你必须在每一杆都花费相同的时间，不管是你的第一杆还是最后赢得整个公开赛的一杆。击球前的例行准备动作不能因为整个比赛的情况而有所改变，否则，它会毁掉你的整体目标。

模仿大杰克

杰克·尼克劳斯（Jack Nick-laus）是18次四大赛冠军的得主，也是击球准备之王。你应该给他的推杆程序计时。无论比赛情况如何，他在每一杆所用的时间都是相同的。他绝对不会在练习场打出一个没有按照他规划程序进行的球。重要的部分就是击球的形象化。有一次，当他要击球时，人群中有个人打扰到他，所以他站到了离球很远的位置。他转身对人群说："多遗憾呀，这是个我已经计划好的球。"他的球在空中飞行的高度以及落地时距离旗杆的位置在他的头脑中都十分清晰，以至于他对结果不存在一丝怀疑。

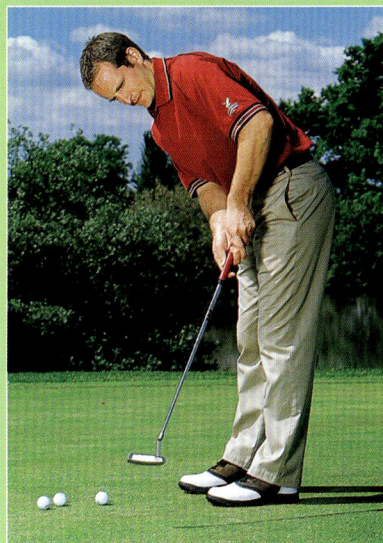

练习
把它变成惯例

这可能听起来不像是最爽快的练习，但是不管什么时间，你在果岭上推杆或在练习场上练习，在击打每一杆之前都要进行击球前准备动作，以代替把球毫无目的地击打到距离球洞3米远的地方，控制每一次击球的时间，就算是在心情不佳时，推杆之前也要做好准备。优秀的高尔夫球手都有稳定的击球前准备动作，这些准备动作已经是他们击球的一部分，以至于如果不做这些动作他们就会觉得很别扭。

判读推杆

能精准地判读推杆是你在对高尔夫这项运动有了更深层的了解之后才能掌握的技巧。有些规则和暗示对精准地判读果岭是有帮助的。记住，推杆越用力，果岭弯曲度对球的影响就越小。同样，推杆动作越温柔，球的旋转就越多。

你推杆越用力，果岭弯曲度对球的影响就会越小，球的前进线路也就越直。

要击打直线推杆

自信地判读果岭弯曲度是一件事，但是如果你不能把球打到预计的位置，之后你就不得不去做一个无奈的推杆者了。为了自信地处理果岭弯曲度，每个推杆都应该是直线的。那并不意味着你应该在每次击打推杆之前瞄准球洞本身，而是要选择将球落在果岭上的某一点，一块破损的草皮或一块果岭上的旧球痕，直接去瞄准这一点。这样会帮助你避免错误的击球准备以及避免击球失误。

线索

1

在果岭周围都会有一些线索来提示每个果岭不同的弯曲度。在球开始转到与你所期待的相反方向时，可以使用这些提示来拯救你的头痛以及困惑。看看球停在果岭上的位置。通常从远处的某一点来判断果岭弯曲度比在推杆表面上时更容易。

2

果岭是在斜坡上修建的吗？如果答案是肯定的，球就很有可能顺着山坡向下滚动。这可能听上去是显而易见的事，但是通常当果岭球位如此时，他们看上去会比实际的坡度要平缓。所以，要小心斜坡，而且要充分利用球场提供的线索。

3

自然界的地标能给你一些关于球的落地位置或果岭弯曲度方面的提示。球有时会转向水障碍或向山坡下方滚动，所以，如果你正在湖边的果岭上击打推杆，应选择远离水边的线路。

4

业余球员通常会犯的错误就是没有给推杆留下足够的弯曲度空间。如果你可能出现推杆失误，试着把球打到球洞的高处，因为这样就意味着球会回过头来转向球洞的方向滚动，而且有可能进洞，而不是滑过球洞。你可以把球推过球洞，但不要让球停在低于球洞的位置。

顶级秘籍

已故的著名高尔夫球手佩恩·斯图尔特（Payne Stewart）曾经克服了判读果岭的困扰。方法是通过拍摄他把一壶水倒在果岭上的照片。然后，他用心去观察哪种倒水的方法中，水是向着球洞流的。这给他一个更清晰的对于球的自然落位的理解以及更准确的果岭判读。

判读果岭宜忌

宜：

√ 在上果岭之前就判读果岭

√ 从两个不同的角度看推杆

√ 注意果岭附近的山坡

√ 寻找一些自然地标当判读线索

√ 每次推杆都尽量是直线推杆

忌：

× 将球打到低于球洞的位置

× 在每次推杆前都花费很长的时间来判读果岭

× 忽略球的落点

推杆练习

推杆练习是一项乏味的工作，但它也是所有的高尔夫球手必须经常练习的一项技巧。推杆是你在每一轮比赛中最常使用的球杆，但也是练习最少的球杆。作为周末练习的一部分，进行一个小时的推杆练习是十分必要的。为了让这种练习更有趣，下面介绍一些有趣的练习方法和游戏。

指南针推杆练习法

在球洞周围按照指南针指针的四个方向分别放置一个球，每个球大约距离球洞1米远。走到每个球的位置，推杆击球进洞。当你能一口气连续把四个球全部击打进洞，就可以把球向更远的地方移动进行下一个阶段的练习了。这样能给你提供在距离和果岭弯曲度上都富有很大变化的推杆练习，避免你因为已经用了20分钟练习2米处的球位而给自己带来压力。

单手推杆练习法

这个方法对于练习击球的平顺性是非常有用的。在推杆表面放置一个球梯，在2米远的位置放置3个球，向球梯推杆击球并且只用你的右手握杆，把左手背到身后。这会帮助你加强对推杆杆头的控制以及让你在击球的瞬间加速。

推杆过球练习法

这个练习能帮助你判断推杆的距离，它将通过改进你的长推杆而缓解你击打短推杆时的压力。

1 准备12个球，在果岭旁5.5米处击打第一个球。

2 尝试在这个球前面的1米处击打第二个球。然后再在这个点前方的1米处放置第三个球。

3 每个球的放置位置都在前一个球前方的1米处，然后练习击球。

4 当你能熟练地把球停在前一个球的位置上时，就可以把每个球之间的距离缩短然后进行重复练习了。

在球下放置球位标记

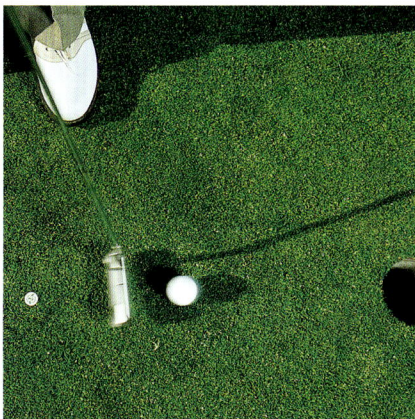

很多推杆失误都是由于球手过早地去看击球的结果造成的，因为这样会在击球尚未结束时导致身体的移动。如果你保持头部静止而且目光紧盯一个位置不变，你会改进击球的连贯性。为了达到这个目标，在球的下面放上一个球位标记，在推杆时集中精神在这一点上。当球离开球杆杆面后仍然将注意力集中在这一点。

毛巾推杆练习法

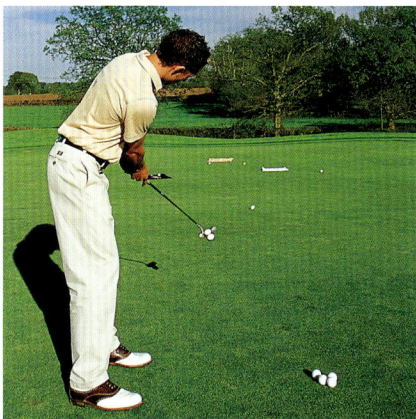

如果你无法找到击打长推杆的感觉，试试这个练习来建立自信。

1 在果岭上的不同点放上3条大毛巾。

2 拿出大约10个球，练习向其中的一条毛巾击打推杆。

3 下一个球打向另一条毛巾。

4 练习推杆，直到把10个球都打到不同的毛巾上。

练习向毛巾推杆，与向球洞击打推杆是不同的，这样能帮助你避免过分沉迷于击球进洞。目标更大了，所以你会从增加的准确性上来提升自信。这种变换能保证你不会只适应一种长度的推杆。

球杆间推杆练习法

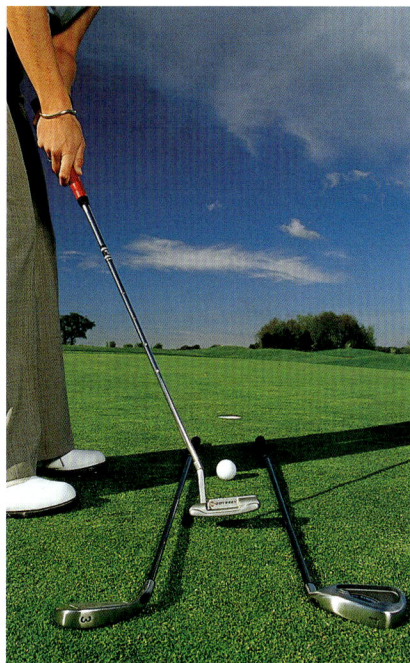

为了获得一个良好的直线上杆和直线击球，给自己设立一个距离球洞两米处的推杆练习。在地上平行放置两根球杆，同时平行于你的推杆线路，只要中间的距离大于推杆杆头就可以。做50次推杆练习，保证你从这个凹槽中击打准确的推杆时不会碰到两旁的球杆。

推杆的检查清单

握杆

- 保持双手掌心相对
- 球杆握在手掌中
- 双手的运动成为一体

站姿和击球准备

- 良好的运动站姿
- 膝盖弯曲
- 球位在站位正前方
- 双脚与双肩同宽
- 瞄准要平行于目标线

击球

- 直线上杆，直线击球
- 在整个过程中保持头部静止不动
- 保持下半身静止
- 在向目标击球时加速

第二天结束：重点回顾

第二天的重点集中在出色的击球，富有想象力的击球以及主要讲解的是短击球。不要过分强调第二天所做工作的重要性。推杆是在一轮比赛中最容易被忽略的却也是最重要的环节。起扑球和劈起球打得好会为你节省5杆球，而且如果你有正确的技巧和态度来处理难击球，你将会得到更高的分数。

下面是你在第二天的四节课中每一课分别要牢记的重点。当你遇到技术走样的情况时，可以把它当做参考工具，也可以当做是对你所学知识的回顾。

第五课：劈起球和起扑球

● 击打劈起球时要使用传统的握杆方法，但是要球杆握短。握杆时要放松
● 给挥杆留下足够的空间，瞄准时偏向目标左侧
● 用手臂和肩部挥杆，扭转上半身到后背面对目标的程度
● 在球袋中至少要准备三种挖起杆，来满足不同的劈起杆的要求
● 击打起扑球时使用正统的握杆方法，在起扑推杆时的技巧和完全挥杆或推杆握杆时是一样的
● 球位偏后，而双手位置靠前
● 瞄准目标左侧
● 击球时挥杆加速，保持手腕牢固而且要在球杆前部
● 试验不同的球杆

击球时全力加速能击出利落连贯的起扑球和劈起球。

第六课：沙坑

果岭旁的沙坑

● 杆面打开后再握杆
● 瞄准目标左侧，但是因为杆面是打开的，所以这要直线指向旗杆
● 沿着身体的线挥杆，不要指向目标
● 使用沙坑杆或高吊杆

球道上的沙坑

● 使用足够长的球杆来躲过沙坑上沿
● 击球准备不能把双脚陷入沙子中，双脚站位要靠近一些
● 球杆握短而且握杆要紧
● 在挥杆击球的过程中下半身要静止不动

从沙坑中击球完全是关于如何将损失降到最低，首先要想到救球出坑，然后后才是将球向球洞靠近。

第七课：难击球

● 对于大多数的棘手球位，都要对击球准备做些变化；把球从右脚前方处击打出去而且双手靠前

● 球杆握短而且要用力击球，把球打出障碍区

● 在挥杆时，依靠手腕的力量迅速出球，这样你才能击打到球的底部。用力挥杆击球通过任何多余的草皮或树叶

● 设定的目标要切合实际，而且当你决定击球时，要使用7/10原则

第八课：推杆

● 找到一种舒适的握杆方法。反重叠式握杆是现在最流行的握杆方法

● 保证推杆的长度适宜，而且你喜欢这个球杆，不要被价格或生产厂商迷惑

● 在做击球准备时，在身体的每一个部分都瞄准目标后调整舒适的站姿

● 击球时摆动肩膀，而手臂、手和身体的其他部分都保持静止的状态

● 练习挥杆前的准备动作来帮助处理压力和改进感觉

● 经常练习推杆，再多练习也不为过

别胆怯！

高尔夫是一项你把它想象得越复杂它就会变得越复杂的运动。这就是它历史悠久的原因。征服高尔夫是不可能的，但是一旦你练习到位了，你就会拥有胜利的感觉，这就是让我们总想回到球场的原因。所以，不要总因为打出了不好的球或低分数而觉得胆怯，多找时间练习，时刻记得你只是要追寻这项运动的趣味性就可以了。

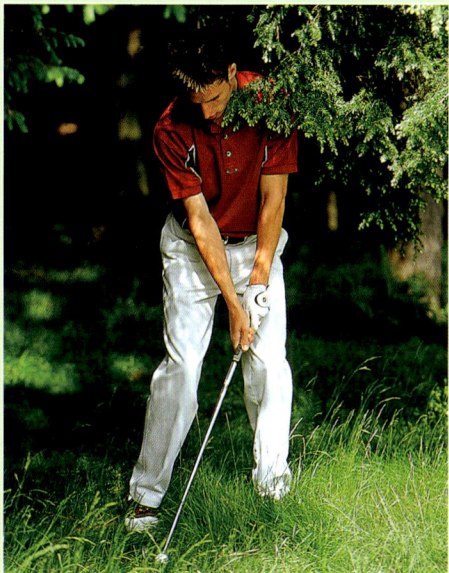

救球时不要太贪婪，把柏忌当成最坏的情况。

推杆是高尔夫运动中最重要的部分。掌握扎实的基本功可以让推杆更容易些。

继续前进

现在你已经对如何握杆、如何挥杆、如何推杆、劈起和起扑以及如何将球击打出沙坑和障碍有所了解了，但你很可能觉得自己已经接收了过多的信息。在一个周末就掌握关于高尔夫的所有常识是很困难的一件事，这些都是需要时间来消化的。

在高尔夫这项运动中，经验和练习就是全部，通过积累经验来不断提高，不管这经验是好还是坏，都能使这项运动成为一项令人上瘾和引人入胜的运动。接下来就是难击球了。没人能每次拿起球杆，都可以在球场上顺利地击球。这本书剩余的部分所要涉及的就是从错误纠正到运动心理方面的知识。

球场攻略

这个题目讲述的是关于如何在球场上管理自己，不仅涉及身体状态的调整和良好的准备，还包括你击球的选择和对于这项运动每个元素的理解程度。理智的球场攻略将使你在整个一轮比赛中以及救球的过程中表现得更舒服、更自信。

球场攻略不仅关乎你的身体状态的调整，还要求良好的击球选择。

术语解读

右曲球 球击出后失去控制向右侧旋转的击球。

左曲球 球击出后失去控制向左侧旋转的击球。

右推球 向右侧直线飞行的球，飞行过程中球不会旋转。

左拉球 向左侧直线飞行的球，飞行过程中球不会旋转。

右弧球 有控制的击球，能使球在飞行过程中先向左，后向右。

左弧球 有控制的击球，能使球在飞行过程中先向右，后向左。

低飞球： 故意降低球的飞行高度的击球。

错误纠正

每个高尔夫球手都将在他们高尔夫生涯的某一点遇到无可就药的失误。可能是严重的右曲球、恼人的左曲球或灾难性的插鞘球。这些失误的产生都源于一些常见的原因，所以这本书关于错误纠正的部分将为你提供答案。

高级击球技巧

你打高尔夫越多，你的挥杆就会越连贯，你就会越想掌握其他的击球方法。通过控制球在空中从左向右或从右向左的飞行方向来处理在障碍周围或在果岭上隐藏部分的球是很复杂的技巧。同样，有一些短击球的击球方法能够增加你对这项运动的额外空间的拓展，帮助你更牢固地掌握那些你可能之前已经掌握的击球方法。

多做练习

如果你在球场上一周能达到两次练习，这是个好消息，但是如果你练习得不好，反而会对比赛造成更大的伤害而不是带来好处。做些具体的练习和思考以及给你的成功绘制图表是有效的练习方法，所以试试下面的这些指导，给你的努力增加一个目标。

练习具体的技巧，而不是在球道上漫无目的地打球。具体的练习能帮助你提高技巧。

击球选择

杰克·尼克劳斯（Jack Nick-laus）是依然在世的最伟大的高尔夫球手。他是历史上获得主要巡回赛冠军最多的人，是老虎伍兹至今无法超越的人，他看上去总是保持着良好的状态。他的强项之一就是他的球场攻略和击球选择。人们常说尽管他击出最坏的球，他也很少能击球失误。如果你能在自己的球场攻略和决策上更像杰克，即使你连他的一半都达不到，你都能在比赛中得到高分。

准备工作

做好准备对于打好球来说十分重要。在开球之前用了3分钟，被自己的球梯绊倒，在第一洞打了7杆，这些都不是愉快的高尔夫球程的开始。下面介绍一些如何做准备工作以及如何有效热身的速成技巧。

器具准备

在你比赛之前的晚上要检查装备的情况。保证你带上了足够的球、球梯和手套。如果天气潮湿就要带好防雨用具以及清点球杆。特别容易忘记的就是推杆，你可能会在室内练习推杆，所以应该为这些短球杆做一个详细的检查记录。你要准备的其他物品包括：

- 帽子
- 食物：一块巧克力、香蕉和水
- 球痕修补器和铅笔
- 防晒霜或根据天气预报多带上一件毛衣

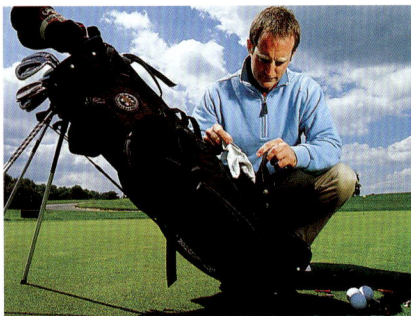

在出发之前检查你的装备。你最喜欢的高尔夫球要擦干净，做好标记，手套不能有任何老化的迹象。

有计划的热身运动能帮助你在开球洞省下一些杆数。

完美热身

在开球前，给自己留下至少30分钟的热身时间。用这些时间来使你的肌肉活动起来，让头脑适应现在的运动状态——记住这是热身而不是练习，没有时间来做技巧练习。下面是理想的热身步骤：

- 在坡地上用15分钟来用每个球杆都击打一些球，从挖起杆开始直到一号木杆，然后再打回来。主要练习打球的节奏。
- 到练习沙坑挖起一些沙子。不要担心你距离它有多近，只要用5分钟的时间集中精神在救球上就可以了。
- 用5分钟的时间来练习击打短距离的起扑球，只是为了给你的短击球技术热热身。
- 最后，练习短距离的推杆入洞。在1米的距离击打一打推杆球，直到你的身体对这个准确的推杆进洞技巧产生良好的感觉。

在开始比赛之前，保证你有足够的时间做短击球的练习。这样做你将对果岭上的球速做到心中有数。

挥杆前的准备动作

1

挥杆前的准备动作是排解压力的关键。它能提供熟悉感和精神上的泡沫，当身体热起来后你可以找回感觉。首先，站在球后，把你即将要做的击球动作在头脑中过一遍。在你的头脑中对你想要的击球线路勾画出一幅图片，然后击球，以完美的姿势收杆。

2

做些挥杆练习，使用和你在现实中所要使用的挥杆动作一样的挥杆练习。在练习时，要在头脑中对球即将要做出的降落位置有个印象。不要做太多的挥杆，只要达到让自己觉得轻松和舒适的程度就可以。

3

首先把球杆放在球的后面做击球准备，保证球杆对击球目标方向线的方正。现在做好击球瞄准的准备，保证每一部分都正确地瞄准，挥动几下球杆来放松自己，然后在目光回到球上击球之前，最后看一眼目标。

克服第一次开球时的紧张

1 在你练习挥杆时深呼吸——上杆时吸气，送杆时呼气。不断地呼吸，感觉氧气在身体里流动。

2 握杆稍松，当你觉得紧张时，你自然会放松下来。通过松松地握杆，你还能掌握节奏和速度。

3 在击球之前增加一次摆动。挥杆之前一直要摆动球杆，让你的肌肉保持放松。

策略

大多数的高尔夫职业球员会告诉你，如果他们在一轮比赛中能做这些中差点的球员的球童，他们会至少打出五杆球。通过简单而有策略的击球选择，他们能有五杆的差别。下面提供一些高尔夫球手在三杆洞、四杆洞和五杆洞分别会犯下的常见错误。

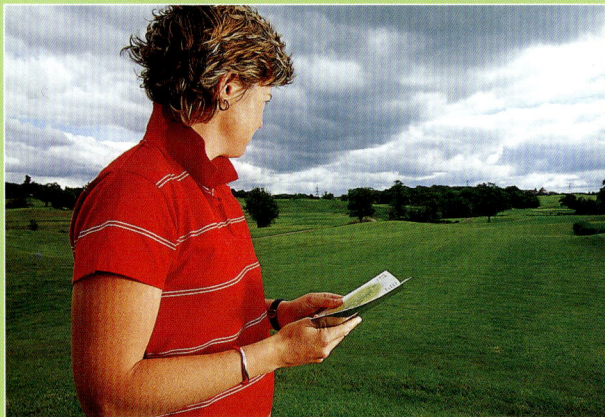

坚持自己的策略

在开始一轮比赛之前，考虑你通过球场的路线。使用哪支球杆做哪个球洞的开球？从哪个位置开始近击球？你的这些准备工作能帮助你在那个球洞获得最好的得分机会。任何多余的改变都会毁掉你的机会。

术语解读

博蒂 在单一的球洞打出低于标准杆一杆的成绩。

老鹰 在单一球洞打出低于标准杆两杆的成绩。

双鹰 在单一的球洞打出低于标准杆三杆的成绩。

柏忌 在单一球洞打出超出标准杆一杆的成绩。

双柏忌 在单一球洞击打出超出标准杆两杆的成绩。

打点 在球场上为了避开障碍或者策略的考虑，故意选择较短的球杆打出距离较近的球。

三杆洞

偏向短击球 在任何一个三杆洞，都会有一个区域容易击球失误，也有一个不容易失误的地区。如果你不能直接击球到旗杆处，就应该选择更容易击打劈起球或推杆的线路，给自己留下更好的接近球洞的机会，就算这种击球方法比原来的线路更长。

使用全部的球梯开球区 三杆洞给你豪华的完美球位和选择近击球的线路，所以要充分利用好这一点。如果在球梯标记处之间有太多的草痕，向后移动两个球杆的长度到平整的草坪上。选择一个更好的路线，然后把球梯放在开阔的草坪上开球。

四杆洞

经常选用1号木杆 很多高尔夫球手到达四杆洞就立即去拿长球杆。这是愚蠢的，特别是短距离的四杆洞，球洞距离果岭非常近。使用有杆面斜度的木杆或铁杆来解决击球中的困难，给它留下一个全击球的机会。通常用9号铁杆全击近距离的球比用沙坑杆打半击球更容易。

五杆洞

很多球手认为五杆洞可以打老鹰 用两杆将球击打到球洞旁，推杆入洞。这是风险极高的策略，因为你往往会需要1号木杆从球台开球，而要冒险用长铁杆或球道木杆来做第二次击球。这个代价真的值得吗？还是你最好选择打点而且可以使用劈起球，然后一杆博蒂和二推击更好？

没有考虑到第二杆 你必须在五杆洞打点时保持和开球或进攻果岭球时一样的小心程度。这次击球会给你的近击球定位，所以不要太贪婪。选择一个具体的点，你要从这个点开始击球而且坚持住这个点。

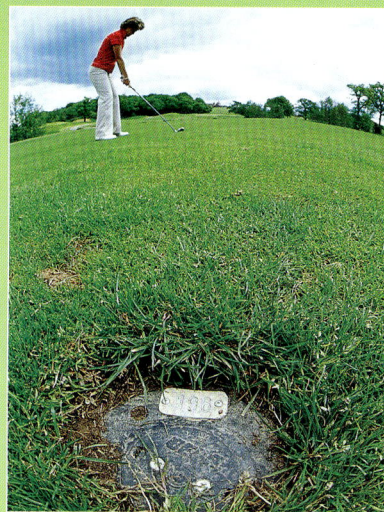

到一个新球场打球

当你到一个新球场，你可能感觉失落而且会对距离和球洞的布局不熟悉。下面是快速适应新球场的窍门：

● 购买球场的规划书，关于难打的球洞、果岭的难度以及球场的特点可以去请教球场的职业教练。

● 注意距离标记（通常是喷水装置），而且要相信他们，即使你的眼睛观察到的与此不同。

● 检查看看距离标记是在果岭前还是果岭中间，这两种情况下，前后的差距能达到三个球杆的长度。

球场心理学

思维在你成为一名优秀的高尔夫球手的道路上起到了关键的作用。好球员和最好的球员之间的差别就在于思维的力量。老虎伍兹是世界上神经系统最发达的球员，而且他具有无限的运动潜能。下面是一些简单的建议，能够对你的成绩产生一些影响。

在迷你球场上打球

要想缩小某一轮比赛中状态好坏的差距，最好的办法就是把球场的18个球洞分成六组，每组三个球洞的迷你球场。计算出你在每个三洞的迷你球场的得分。然后，如果你有打得不好的部分，你可以重新开始而且在下一个三洞球场上精力更集中，而不必担心过去的所作所为。如果你在每一组都能超出标准杆两杆，你的差点就达到了12，听起来很容易吧。

在每一轮比赛中对自己说"我要在这把球道分开"，或者"这杆球就能进洞"。精神状态在所有水平的高尔夫比赛中都很重要。

像老虎一样发泄

任何人在高尔夫球场上都可能有生气的时候。我们都会在短推杆或开球时因打到球的底部而发脾气，而且通常最好的解决办法是把这种怒气发泄出来。观看老虎伍兹的比赛，在他打出坏杆后，他把帽子拉下来盖到嘴上，发誓释放挫折。只要他声音不大，这是个聪明的办法。所以不要把这种怒气憋在心中，糟糕地影响到整个一轮的比赛，小心的发泄一下再回到比赛中去。

在球场上保持冷静

保持冷静的头脑

尝试在比赛的糟糕时刻保持平静，至关重要的是，在打得好的时候也要如此。在头脑中保持冷静是高尔夫运动的关键。接受坏的击球，同样的，如果你起扑球进洞也不要被胜利冲昏头脑。如果你的心脏因为兴奋或生气而跳动得过快，就无法理智地进行下面的击球。

享受击球之间的空闲

一次击球要花上2分钟的时间。这就是说，你在两次击球之间将有很多时间放松，而且这样做是很重要的。没人能够在四个小时里一直保持精力的高度集中，所以找个时间让你的思绪从比赛中抽离一会儿，在等待时和同伴聊天或玩玩球都可以。这将帮助你在下次击球时精力更集中并且忘记之前的击球，无论它是好还是坏。

像胜利者一样走路

如果你骄傲的挺直身体，昂首挺胸地走路，你就能诱使自己的大脑相信这种看上去很自信的走路方式就是你实际的走路方式。

心理素质检查清单

准备

- 比赛之前的晚上检查装备
- 开球之前用30分钟来热身
- 热身就是热身，而不是练习

策略

- 坚持自己的赛前计划
- 在三杆洞使用整个开球区
- 从四杆洞的开球开始使用不同的球杆
- 利用有难度的四杆洞的击球
- 不要只用两杆就打到五杆洞

球场心理学

- 把整轮比赛分成6个迷你赛场静
- 在整个过程中要保持头脑冷静
- 在击球间隙放松自己
- 像胜利者一样走路

右曲球

右曲球是高尔夫球手最经常遇到的问题。更多的人击出的球会在剧烈旋转后向右飞出。准确地理解右曲球产生的原因将让你修正这个问题的路走得更远。通常这要归结于错误的基本功。

右曲球的基本起因

大多数的右曲球都是由瞄准时的技术问题引起的。下面是一些常见的问题。

将球杆握在手掌中

当你握杆时，你要让球杆从左手的手指根部通过。如果球杆滑到了左手的手掌中，你将发现很难将球杆杆面在击球时对球方正。这就限制了手的移动，导致杆面在击球时打开，结果就是右曲球。

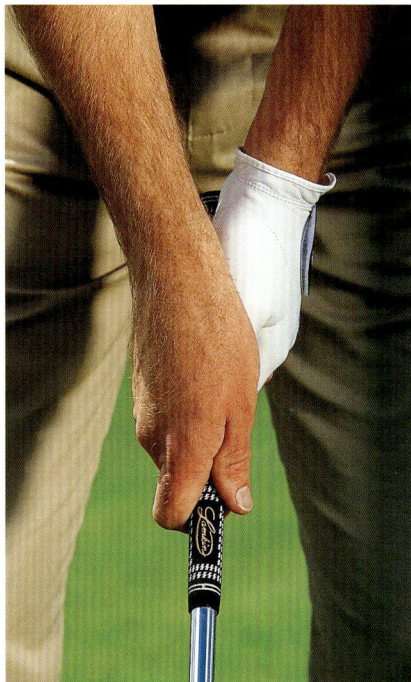

什么是右曲球？

如果你的杆面在挥杆时从目标方向线的外侧向内击球，杆面是打开的（向目标右侧瞄准），你将击出右曲球。想象你正击打向右前方旋转的网球，你击打球的下端，将从左向右旋转的侧旋力传递给球。当你在击打高尔夫球时也会发生同样的事，只不过你使用的是高尔

夫球和高尔夫球杆。结果就是球会先向左侧飞行然后突然向右侧旋转，失去控制。

击球准备时瞄准失误

当你打出太多的右曲球时，你将本能地将瞄准的目标向左偏移。结果你将会打出更偏向右侧的右曲球。因为这种瞄准是没有什么帮助的，它会加速你的球向右侧旋转。如果向目标左侧瞄准，你将会沿着身体的直线挥杆击球，这样挥杆方向就会从外向内。一旦你从外向内挥杆，就给球施加了右旋的力量，从而打出右曲球。如果你能忍住不向左侧瞄准，而向直线瞄准，你就能打出直线球。

弱势握杆

如果你的握杆姿势太弱，也就是说，如果你不能看到左手的任何关节时，你可能发现在击球时很难让球杆头对球方正。加强你的握杆直到你能看到左手的更多关节，这样做会在瞄准时关闭杆面，你就能校正击球的倾斜度了。

右曲球的补救

改进击球准备

保证你的握杆在正中，球不会放在身前太靠前的位置，瞄准目标方正，球杆头指向你想要的方向。在镜子前摆好姿势，参考书籍能帮助你练习舒服的自然的击球姿势。

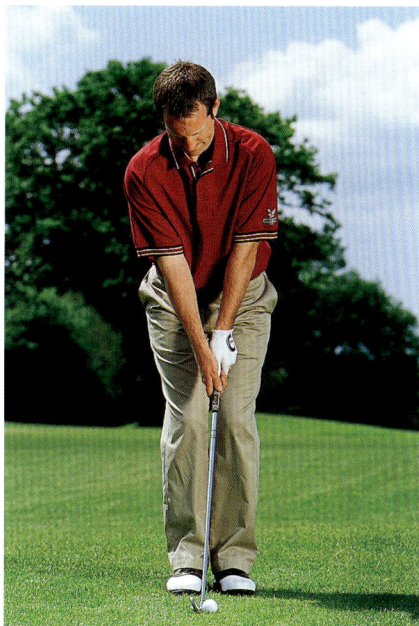

双脚并拢练习

1号木杆是右曲球选手最糟糕的敌人，所以在这个练习中你不需要使用这个球杆。选择7号铁杆，在较低的位置放置球，双脚并拢站在球前。现在试图用正常的挥杆将球从这个位置开出。右曲球球手会发现这是很难做到的，因为他们会失去平衡。不断练习直到你能从这个位置干净地击球，然后重复练习挥杆。

障碍练习

右曲球挥杆是当球杆在下杆时距离右侧身体太远造成的，这会引起你与球的相切，从而打出右曲球。在球后面放上一个球杆套，然后在你下杆击球时尽量避开球杆套。如果你撞在球杆套上，那么你就做出了错误的挥杆。

球场上的迅速修正

如果你无法用1号木杆击打出直线球，试试这个极端的在球场上的解决办法。瞄准目标右侧，也就是你不想让球飞去的方向。当你的身体看到关闭的球杆杆面，它会自动调整，无意识的挥杆调整会试图将球击打向右侧。通过打开杆面，你的无意挥杆会向相反的方向—— 尝试向左侧击球，会给你一个击出直线球的好机会。

左曲球

左曲球将飞行得更远，而且比右曲球陷入粗草区的程度更深，但是左曲球是一个稍微小一些的失误。大多数的左曲球是由于错误的击球准备引起的。下面是一些常见的错误。

什么是左曲球？

左曲球在击出后的开始阶段在球道中间飞行，然后大力向左侧旋转，弹过三个球道或陷入灌木丛中。这是由杆头在击球时关闭（瞄准左侧）所引起的，而且球杆挥杆的过程是从目标线内侧向外侧。

引起左曲球的基本原因

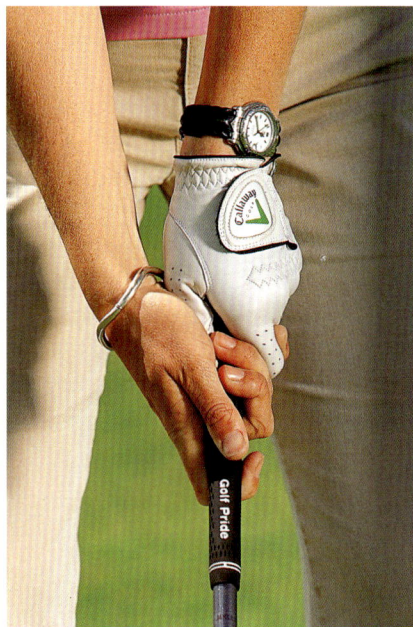

强势握杆

如果你不能看到右手的任何一个关节以及左手的四个关节，那么你就是强势握杆，这种握杆方法将导致你击出左曲球。你应该能看见左手的两个关节，而且右肩形成的V字形要指向你右边的锁骨。这个小的调整将会让你在开始击球时感觉恐惧，但是坚持不懈的练习能让你感觉更自然。

击球准备时的瞄准错误

如果你打出的球向左旋转，你可能发现正是因为自己瞄准了目标的右侧才导致球向左侧旋转。这样将使你的挥杆太偏向内侧，导致左曲球的产生。试着让每样东西都面对目标方正：你的膝盖、肩膀和双脚，而且杆面要直线瞄准目标。

重心

在做击球准备时，球位靠前，因为球位向后能导致左曲球。保持你的重心平均分配在双脚上。在击球准备时将重心过多地放在身体左侧也能导致左曲球。

三种左曲球的解决办法

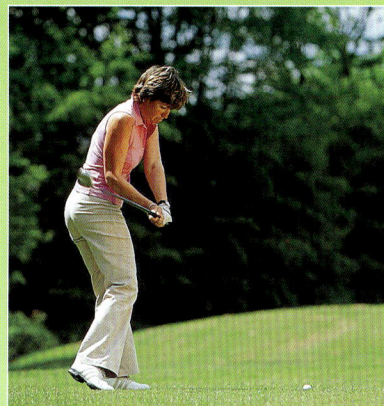

右推球和左曲球很相似

球杆在前的训练

一旦你已经拥有了稳定的瞄准以及扎实的基本功，就要注意你的挥杆动作来避免左曲球。在到击球区之后头脑里只能有这样一个念头："在我的整个挥杆过程中，球杆的杆头都要在我的身体之前。"检查挥杆过程中的每个动作，当你上杆到顶点时，杆头是在你的后背之后，还是在你的头顶之上？在你最初挥杆时球杆是否在你的双腿之后？

左脚在后

自然的做好击球准备，尽可能地对目标方正。将左腿向后移动一脚的距离。这样的姿势将给你一个非常开放的视野：你将瞄准目标的左侧。从这个位置开始正常的挥杆。有改变的击球准备将使从内侧开始挥杆变得困难，因为你将沿着身体的直线挥杆，这样更容易击出右曲球而不是左曲球。在练习了一桶球之后重新调整身体，重复这种感觉。

雨伞练习

在做击球准备时将一把雨伞插在球杆头后面1米的地上，然后做一些挥杆练习。挥杆向后时要避开障碍物。经常打出左曲球的球手会在挥杆时偏向线内，这样就会击打到雨伞。这个练习强迫你在上杆的过程中无法让杆头打到线内，同时保证杆头远离身体。

右推球是直接打向右侧的球（详见108页），而左曲球看上去好像和它完全不同，但是它们产生的原因却通常是由于相同的挥杆错误。同样，右曲球和左拉球也是源于相同的问题。

右推球和左曲球是由于由内向外的挥杆路径，球杆从目标方向线的内侧向外侧移动导致了球的飞行偏向。如果你的球杆杆面面对挥杆线路方正，当你接触球时，你将把球向右侧推出或阻止球向右侧移动。如果球杆杆面瞄准左侧，你将推杆打出上旋球而且使它形成左曲球。

右推球和左拉球

右推球和左拉球不像右曲球和左曲球那样有危害性，但是也同样令人泄气，特别是在你击出一记好球，却眼睁睁看着球消失在左侧或右侧时。

基本的原因

总的来说，右推球和左拉球与右曲球和左曲球（详见104~107页）产生的原因是相同的。下面提到的是一些导致右推球和左拉球的击球准备过程中的常见错误。

什么是右推球？

右推球是球的飞行偏向目标右侧，但没有像右曲球一样的旋转。这是由挥杆时从太靠近球手的位置击球，而杆面对击球线方正造成的。

什么是左拉球？

左拉球正相反，它的飞行是偏向目标左侧而没有旋转。球杆在远离身体的位置击球，就像右曲球一样，杆面对击球路径方正，把球拉向右侧。

正确的身体瞄准将避免大多数的右推球和左拉球。

右推球和左拉球产生的原因

右推球

瞄准时每样东西都成一条线，但是你的肩膀却偏向右侧，将你的身体向目标方向关闭。当你完全挥杆却将球推向右侧时通常是因为这种瞄准失误。选用的球杆越长，你的球向右侧飞行得就越远。

左拉球

因为瞄准的问题，你可能打出左拉球。你可能已经确立了脚的位置、膝盖的位置以及臀部的位置，它们都与目标方向线方正，但是如果你的肩膀偏向左侧，你就存在打出左拉球的危险。所以面对球来做击球准备，肩膀处放置一根球杆（如左下角图示），保证其与目标方向线平行，这个练习有助于改善左拉球的问题。

右推球击球准备的救治方法

1

只用右手拿球杆，将球杆放在球后，这样将使肩膀比原来更加瞄准目标的左侧。现在将身体的其他部分做好击球准备，将你的双脚、膝盖和臀部都放在合适的位置。

2

把左手放在球杆上。如果这样感觉奇怪也不用担心；如果你习惯瞄准目标右侧，这种改变会让你感觉糟糕。保持球位在你的站位前方，因为如果球位靠后，你将击打出右推球。

左拉球击球准备的救治方法

如果你经常打出左拉球，试试右推球的击球准备姿势的镜像。把球杆放在球后，只用你的左手握杆。不要让球位向前滑动得太远，将身体瞄准目标线，把右手放在球杆上，这样会把你的肩膀带到方正的位置。

快速急救：右推球和左拉球

右推球或左拉球通常看上去没有右曲球和左曲球的情况严重（尽管并不是在每种情况下都如此），引起的原因可能很简单，很容易修复。可能只是由于你在击球准备时杆面太关闭（瞄准左侧）或太打开（瞄准右侧）造成的。所以，作为最后的检查，保证你的杆面直线指向目标线。它在击球准备时可能只是几毫米或几厘米的差距，但是当球到达目标时，偏离得可能会更多。

问题起扑球

每个人都知道失误的起扑球有多么恐怖。将球击出，保持完美的收杆动作，却看到球在你面前以极其缓慢的速度滚动了仅仅几米的位置，那种感觉真是太尴尬了。起扑球是最有价值、最吸引人的部分，所以消灭失误和错误能对你的成绩带来巨大的变化。

起扑球失误

我们都知道这是什么，球很少移动而且你可能面对更多的抛球，但是实际会发生什么？球杆没有先接触到球，首先碰到的是草皮，挥杆的基础发生得太早了，所以全部的力量都在球杆里，导致球杆陷入了土地里而没有击打到球。

两个基本起因

1

一个常见的问题就是球位。如果你打起扑球时的球位太靠前，比如与左脚的位置相对，你将发现很难用向下的击球方式打球。你要利落地向下击球的后部，球杆先抓到球然后再是草皮。这就证明了如果你击球准备时的站位错误将导致你很难碰到球。

2

不信任杆面斜度的高尔夫球手通常能导致漏击或"重力击球"的起扑球。高尔夫球杆这部分的设计是为了帮助球员。所有的高尔夫球手只要做到用正确的技巧平顺地击球，让杆面斜度来完成这项任务就可以了。如果高尔夫球手试图通过手腕的铲球动作来帮助击球，那么他就有极大的可能挖起过多的草皮或是将球打得过高，或在通过果岭的后侧时打出薄击球。保持手腕的稳固可以避免这种情况的发生。

起扑球的救治方法

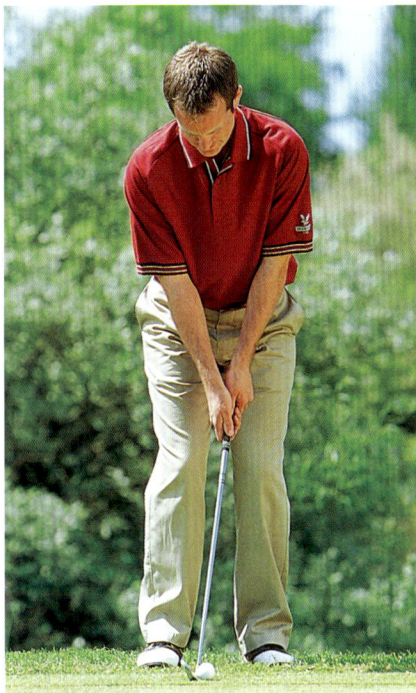

把手放在球的前面

　　做好击球准备姿势（详见62页）之后，要把球放在站姿偏后的位置，双脚并拢，手在球的前面。试着在击球时回到这个位置。挥杆向后，保持手腕和杆身之间的夹角，然后送杆，在击球时到达你击球准备姿势的地方。

送杆

　　如果你在击球时减慢了杆头的速度，你将击出厚击起扑球。挥杆时减速或犹豫是一个常见的问题，也是大多数起扑球击球失误的原因。为了避免这种情况的发生，专注于你的送杆动作。想象你的手要在送杆时比上杆的长度要长20%。

收杆

　　如果挥杆时你的手没有到达臀部的高度，但只低几厘米，就要保持收杆动作时手要高于你的腰部，保持手部尽可能地向前。使用这种挥杆可能打出远距离的起扑球，但是这样做将帮助你集中精力，击球时加速以及避免打出不好的起扑球。

高级击球技巧

当你掌握基本的挥杆之后，为了提高你的水平，你需要更有创造性和多样性的击球。这部分关注的是更复杂的击球技巧，如何击打这样的球以及为什么这些方法有用。首先，击球修整。

右弧球

右弧球是开始在球道的左侧，然后在空中向右侧偏转的击球。右弧球和右曲球之间最大的区别就是右弧球是有意的击球，是有控制的。这是一种方便的击球，在很多情况下都适用。如果你试图击打接近果岭右侧沙坑后的旗杆的球，右弧球能从左侧将球打进。如果你已经轻轻地脱离了击球线或面对狗腿洞（有急速转弯的球洞），右弧球能将球滑过任何的障碍物而更接近球洞。

掌握打右弧球的技巧能帮助你更接近旗杆而且在不确定的击球后恢复。

完成右弧球

击球准备的改变

这可能听起来像一次很难执行的击球，而且是需要练习的，但是本质上来说，击打右弧球与正常的挥杆之间的唯一区别就是在瞄准的位置上。把球放在你的身体之前更远的位置，将你的身体瞄准目标偏左的位置——沿着这条线你要开始击球——将你的杆头对目标方正。身体瞄准你想要球开始飞行的方向，杆头瞄准你希望球降落的方向。

挥杆

完成在击球准备时的这些改变后，你必须正常挥杆。所有最初的调整将使你的挥杆沿着身体线挥出，挥杆轨迹会轻微地从外向内。这样做将会导致自然的右弧球，所以不需要再调整挥杆了。事实上，如果你尝试使球从左向右的飞行，会导致严重的插鞘球或左拉球。

左弧球

什么是左弧球以及什么时机使用？

左弧球是一种有控制的击球，球在空中的飞行线路是从右至左。它将比右弧球飞得更远，有很少的后旋。如果你想用长木杆击球，良好的左弧球是完美的选择，特别是当球沿着果岭的形状飞行时。还能帮助你处理在障碍物周围或者硬旗杆里的球，左弧球是方便的击球，能在有风的天气使用，因为它几乎不受空气流动的影响。

击球准备的变化

左弧球击球准备的变化是与右弧球的击球准备完全相反的。瞄准你的双脚和肩部向目标线的右侧，瞄准杆面方正。如果你要让球的左弧更多，就要瞄准更右侧的位置，但是通常保持杆面指向目标。记住，与右弧球相似，将球杆瞄准球要降落的位置，将你的身体瞄准球最初的飞行方向。

挥杆

通过击球准备的变化来自然影响挥杆，所以你将自然地从内向外挥杆，而且对球施加一个左弧的旋转。

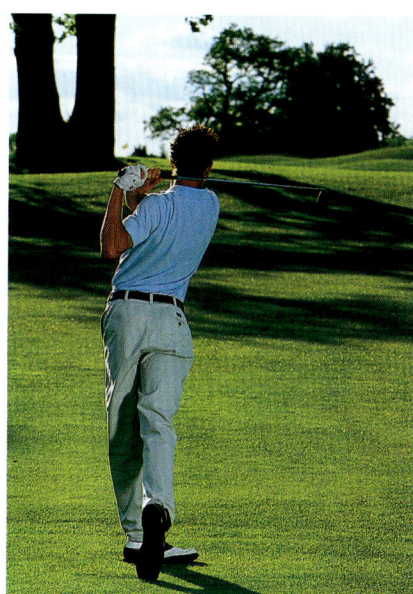

释放

对于这种击球，关键是不要犹豫。你必须有力地挥杆，用你的手来做良好而完全的释放（详见52页）。这就是说，在击球时将右手翻过左手。

击打
高飞球
和低飞球

在任何情况下想要取得好的成绩，或者特别是在有风的天气，你必须拥有超出球杆击打范围的其他方法。了解如何通过改变挥杆来操纵球的飞行是征服所有高尔夫球场的一个非常重要的工具，而且能给你的比赛增加一个新的令人兴奋的空间。

世界上最好的高尔夫球手通过球的飞行来使其更接近旗杆的方向，你进步越快，学到的关于如何控制球飞行的知识就越多。

击打高飞球

击球准备

如果你顺风击球而且想将球击打到最远，或者正试图将球打过一棵大树，你可能发现自己正试着将球打到高处。第一件要做的事就是在调整站姿位置时将球向前推，然后靠得更近，站得更直。这样做能击出更陡峭的球，而且在有效增加杆面斜度的同时也不会损失球的远度。

挥杆

做自然而正常的挥杆。球会飞得比以前更高，但是在击球瞬时，待在球后的时间更长。不要用你的手把球挖到空中，因为这样会导致击球失误或薄击球，或球路很短的弱势击球。

用力挥杆击球。施加给杆头的速度越快，给球的旋转就越多，球就会飞得越高。犹豫会导致误击。

收杆

完整的高飞球收杆动作应该是手部举高过头顶，在击球结束动作中体现你的击球目的。要想打好这种球，就要在击球过程中为了适当的击球而努力达到较高的收杆位置。

低飞球

击球准备

如果你逆风击球或如果想让球飞上果岭到达旗杆之后,你可以打低飞球。这是个很有用的击球方法,因为这是在有压力状态下的、有控制的击球,而且一旦经过练习,这就是低风险的击球。让球处于站姿偏后,双脚向内靠,将手向前移动以便球杆杆身能指向目标。

挥杆

在击球准备时重心平均分配在双脚上,击球准备的改变将使挥杆更陡峭。使用更紧密、更短的挥杆试着将球打向地面。尽量少使用下半身,将背部转向目标,然后在击球时转身回来。尽管你试图让球在低空飞行,也要轻轻地握住球杆并有力地挥杆。

收杆

断续的收杆动作将反映出你的目的是使球低空飞行。低飞球是老虎伍兹使用得出神入化的击球方法之一。当他在滨海球场打球时,他的收杆动作就是明显的短收杆。要在你的收杆动作中加入老虎的收杆特点。

选择正确的击球方法

在合适的时间选择合适的击球方法是高尔夫的一项重要技巧,这也是需要通过经验累积起来的(通常是痛苦的经历)。对于任何一种位置的击球,都有一些不同方法可以将球击打到距离球洞更近的位置。关键是选择最适合你的击球方法。例如,当旗杆在果岭后方时,巡回赛职业球员用低飞球把球打到果岭上,而当旗杆在果岭前方时,他们会使用高劈起球。打右弧球可以避开麻烦,用高左弧球可以增加击球距离。观看这些击球并让它们在你打球之前能够在心中形象化是战斗的一半,也不是每个人都能掌握的。这就是为什么塞弗·巴列斯特罗(Save Ballestaros)是个天才的原因。

短击球

基本起扑球是任何高尔夫球手必备的最基本技能之一，但是，你打球打得越多，就越会发现即使基本起扑球打得多么好，也很难保证将球打到十分靠近球洞的位置。这可能是因为球位或者旗杆位置不够理想造成的，所以掌握一些短击球的变通技巧将帮助你摆脱困境。

高吊球

击球准备

如果你需要将球起扑过沙坑，到达一个十分靠近果岭边缘的旗杆处，这时没有太多的果岭让你停球，你就需要将球高吊到空中，让它在球洞旁轻轻地降落，这就是高吊球。选择一根高吊杆，瞄准目标偏左的位置（打开你的站姿）并弯曲膝盖。如果你从一个裸露的球位击球，或者在坚实的球道上击球，这并不是个好办法。当球轻轻地停在蓬松的粗草区上时，这是最好的击球办法。

挥杆

沿着你双脚的连线挥杆，打开杆面击打球的右侧偏下的位置，这样会增加杆面斜度。球将在空中飞行很高，轻轻地降落（降落后不会旋转或滚动）。这是一种高风险的击球方法，意味着如果球位错误的话，这将是个愚蠢的举动。你必须具有进攻性，否则，你将薄击球。

用挖起杆当推杆

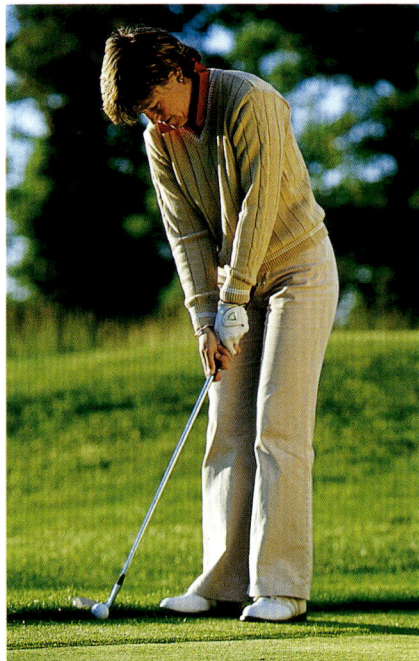

击球准备

这是一种聪明的击球方法，当你的同伴认为你已经一团糟时，你却能以进洞结束，他们甚至会认为这是个偶然。当你的球在果岭边缘的两个粗草区之间时，很难用挖起杆的全杆面来连贯地击球。所以取而代之的就是用挖起杆杆头的底部去击打球的赤道圈。球位在你的站位之后，使用推杆的握杆方法。

3号木杆的起扑球

挥杆

现在像对待推杆一样来对待这种击球方法，让球滚出棘手的球位，顺利地滚到果岭上。用杆头的底部来击打球，这样做会切过容易缠绕的粗草区，避免重力击球。使用推杆击球的技巧来增加控制和感觉。

击球准备

当你在果岭边缘时，用3号或5号木杆来击打起扑球是由老虎伍兹引领的潮流。使用球道木杆能阻止球陷进潮湿的缠绕的粗草中。当你在调整自己的3号木杆的握杆时，球杆要握短。你与球之间的距离需要比平常远一些。

挥杆

在做好击球准备之后用正常的推杆方法来击球，摆动肩膀向后，击球。利用上杆的长度来判断起扑球的远度，增加上杆的长度来击打距离更远的球。试着使用尽可能少的手腕动作和下半身移动，保持在击球时杆头尽量贴近地面。

在每个地方都能使用推杆

高尔夫球手们并没有让推杆完全发挥作用。在所有的高尔夫球场上都会有一些情况，在这些情况下，推杆是最好的选择，但是球手们却从来没考虑过。如果你不需要越过那些过长的草坪或障碍，为什么还要把球打到空中？糟糕的推杆能比糟糕的起扑球更接近球洞，而好的推杆通常能十分接近球洞。所以，下次当你瞄准一个18米处的起扑滚地球时，或者甚至从果岭旁的低浅沙坑击球时，考虑使用推杆，然后做出尝试。

完美练习

打高尔夫球很容易，要想打好高尔夫球就需要多多练习了。但是，这不是说简单的在球场上花费几个小时就能让你一夜成为尼克·费度（Nick Faldo）。你需要进行有效的练习，贡献出大部分的精力和能力，否则，你会十分失望。

三条黄金法则

1

2

有目的的练习

每次到练习场时，你的练习都要有重点。可能是1号木杆、短铁杆、节奏、击球准备或具体的挥杆变化，但是你必须至少有一个要达到的目标。无数的毫无意义的击球只能产生无意义的挥杆，所以，练习要有目的性。

让球有路线

你要在任何练习中都要注意路线。每次你做击球准备时，要在头脑中进行一遍演示，就像你正在球场上愤怒的击球一样。这样将使你精力集中而且更清楚地思考这次击球，如果没有这个过程，将使击球变得更困难。

糟糕的练习

过度使用1号木杆 一些高尔夫球手通常来到练习球场，用1号木杆击打100个球然后回家。这对提高你的球技没有任何帮助，因为还有其他的13个球杆需要练习呢。

要数量不要质量 花上几个小时练习是好的，但是如果你的练习没有目的性，你所做的就是毫无作用的。你需要练习的是目标和重点，要质量而不是数量。所以，要使用我所列出的黄金原则。

错误的练习 保证你正在练习的技巧适合你。如果你努力练习的是错误的挥杆，你的挥杆错误将很难修复，这些练习带来的是恒久不变而不是熟能生巧。

3

总有击球目标

　　开球区不是高尔夫球场上最好的，通常会是消失在地平线上的荒凉地区。当你打球时，你正在进行的比赛环节并不重要，但是要选择一个目标。在一轮比赛中你有什么时间不是在面对目标击球的？没有。所以不要在练习球场上这么做，所有你正在做的事都可能变成坏习惯。

集中你的精神……

　　最好的拓展自信以及充分利用练习时间的方法就是在你的头脑中练习一遍，特别是在比赛之前。如果你通常在第一洞使用1号木杆，然后是8号铁杆，在你的头脑中描绘整个过程，然后在球场上逐一实现，首先使用1号木杆开球，然后是8号铁杆。如果你曾经错失过果岭，先练习一次劈起杆，然后再继续。

　　像这样完成一整轮的比赛，根据你的击球好坏以及球落地的位置在想象中给出相应的成绩。你能在20分钟内完成一整轮的比赛，所以重新开始，努力超越之前的成绩。这种在头脑中的演练，在球场上就是一种完美的指导。

练习上限——我们都是不同的

　　当我们开始练习时，所有的高尔夫球手都是不同的。一些人喜欢站在练习场上不断击球直到手上起了水疱，后背酸痛为止。有些人则不会想到任何糟糕的事。每个人都需要练习，但是如果你在练习30分钟后就厌烦了，就没有必要在球场上坚持两个小时，这对你的球技没有任何帮助。科林·蒙哥马利（Colin Montgomerie）只经过很少的练习就能赢得7次欧洲巡回赛排行榜的榜首。这是他的方法，而帕德里哥·哈灵顿（Padraig Harrington）到达世界前十强的位置却用了无数个小时的练习。我们都有一个练习上限而且很难超越。

良好的练习

为了帮助你找到重点，下面列出的是对于不同挥杆的5个练习要领。每个练习要领都能降低出现常见挥杆错误的几率。将它们增加到练习程序中来能让你的技术更精湛。

和任何运动一样，练习是克服问题、掌握良好球技的关键。练习能增加你练习的重点，有时能打破单调，有时也是受累不讨好的任务。

练习：挥杆

上杆时的雨伞

为了帮助练习上杆时良好的重心转移（这是很多高尔夫球手常见的问题），在你身后的地面上插一把雨伞，与你的右臀形成直角。在上杆时尝试用右侧臀部碰触雨伞，如果你做不到，那么就说明你的重心还保持在身体左侧，你就会有麻烦。所以，在你挥杆向上时要努力用右侧的身体碰触雨伞。重要的是在你挥杆时要扭转上半身，否则，你将很难用力击球，而且结果往往是右曲球或弱势击球。

双脚并拢

这个练习在本书前面的部分已经出现过了，但是这个练习在大多数的挥杆中都十分重要，所以值得重新再提一次。将双脚并拢，简单的击球将帮助你保持平衡，以及用下半身将球大力击出。如果你发现很难开始，那么试试使用7号铁杆来开球。如果你的击球没有打中球的中心，就要回到这个练习，因为它对于良好的节奏和找回感觉都十分重要。

单手练习法

只用右手握杆击球来改进时间的选择，帮助完全释放。右手臂是掌握高尔夫击球时机的非常重要的因素。只用右手练习挥杆，滑过草坪直到你适应这种感觉。然后击球，这是棘手的练习，所以开始时不要担心插鞘球。你的身体将做出调整，而且你将开始干净的击球，这对你的挥杆很有帮助。

通道练习

如果你打出右曲球或看似击打太多失误的开球，通过这种残酷的练习可以改善你的击球。如果12点方向是你的目标线，你的球在时钟的中心，在你的10点和4点方向分别放置两个球，像我们所说的，为球杆制造一个挥杆的球路。试着在击打目标球的同时不接触到其他两个球。这将鼓励你从线内轻轻地挥杆，如果在线外挥杆将导致右曲球，一旦你掌握这项练习的诀窍，你的击球将有所改进。

球的线路——节奏练习

在开球台上把五个球放置成一条直线并且每个之间间隔几厘米，放在你的身体前面。使用短铁杆，站在第一个球前面，用短挥杆来击球。不要担心球停下的位置，不要停下，继续击打下一个球，然后再下一个，直到全部打完。你要试着在你沿着这条线向前击球时建立自然的击球节奏，所以绝对不要让杆头停下来。争取在15秒内用你击球的速度将所有的球击出。这是个释放性的练习，对于重新认识节奏很有用。

短击球练习

现在你已经长进不少了，但你的完全挥杆只是这项运动的一半。当你在果岭上或果岭周围时，比赛就是关于接触、感觉和短击球的技术。然而，这部分的练习经常被忽略，所以，下面介绍了能使短击球练习有趣而且有效的5种方法。

牢固的短击球将巩固你的长击球的成果。如果你不怕错过果岭，反而更可能将球打上去，所以你做的任何短击球练习都是你对这项运动其他环节的敲门砖。

短击球练习

保持挥杆长度

为了控制起扑球和劈起球的长度，你要保持你的速度均衡（不要试着太用力击球），但是增加或缩短上杆距离则取决于起扑杆的长度。为了有所帮助，将球在练习果岭上摆成一条直线，每个球之间间隔两三米远的距离。

走到距离果岭最近的球，用起扑球击打到近处，使用稳定的技术和平均速度。现在回到后面的球，把它击打到近洞处，要有更长的上杆距离，但是挥杆速度要平均。不断向后移动直到你将所有的球都起扑或劈起击出，你将发现你的触感有所改进。

手臂下夹毛巾练习法

如果你的劈起球技术过于依靠手腕，就会很容易导致不准确的击球。为了避免这种情况，在你的手臂下放置一条毛巾，然后击打短距离劈起球，在击球时要保持毛巾的位置不变。这种练习将帮助保持你的手臂和身体之间的联系，所以不要让你的手和手腕过度击球。扭转上半身，同时肩膀和手臂向后，在击球的过程中也要如此。

球杆套放在球后的练习

为了让起扑球打得更干净，你必须要击打到球的后部偏下的位置。在练习时，将一个球杆套放在球后20厘米处。使用劈起杆来击球，采用你的正常起扑球站姿。现在击打稍长距离的起扑球，距离在9米左右，试着避免在击球时碰触球杆套。这样做会鼓励你用力地击球，而且会阻止你使用手腕。

用不同的方法抛球

劈起和起扑练习是好的，但是在任何既定的一轮比赛中，你将发现自己会处在果岭周围的不同的位置。你不会总是拥有完美的球位或干净入洞线路，所以，无止境的练习从完美起扑位置击球是不够的。

为了很好地面对在一轮比赛中可能遇到的各种球位，选择一打球，找到一块安静的果岭，面对旗杆，将所有的球都用高吊杆击打高过你的肩膀，它们会落在推杆平面旁不同的位置上。然后，走到每个球旁，准备就绪，最后以生气的状态击球，并努力给自己留下一个短推杆。

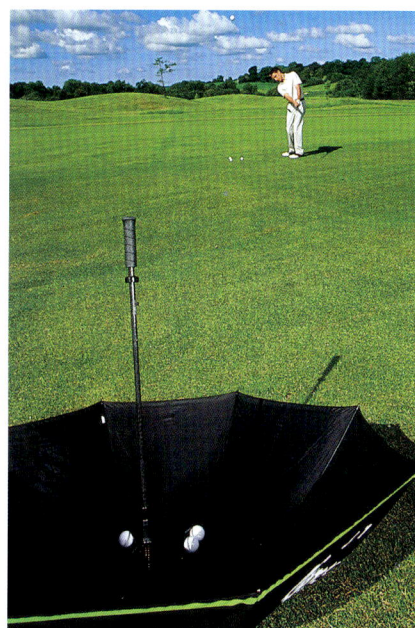

打起扑球到雨伞里

如果你在控制劈起球和起扑球的长度和线路上有困难，把雨伞从球袋里拿出来，撑开，然后翻过来。现在，练习将球击打到雨伞里，这个练习可以改进对线路和长度的控制。如果你能让球落在果岭上雨伞那么大的目标里或周围，你就能经常在球洞附近结束比赛。

术语表

为了方便读者查询术语，下面将高尔夫的术语从头到尾整理出来，这些术语都是在书中术语解读的部分出现过的。

双鹰（Albatross）：在单一的球洞打出低于标准杆三杆的成绩。

瞄准（Alignment）：在挥杆之前你的身体和球杆杆头瞄准的位置。

博蒂（Birdie）：在单一的球洞打出低于标准杆一杆的成绩。

刀背式铁杆（Bladed Oirons）：杆头背部是直的，是一种老式球杆。

柏忌（Bogey）：在单一球洞打出超出标准杆一杆的成绩。

果岭弯曲度（Borrow）：会影响球滚动方向的果岭上的斜坡。

沙坑（Bunker）：在地上设计出的像火山口一样的地方，填满用来陷住球的沙子。可能设计在果岭周围或球道的边缘上。

凹背式铁杆（Cavity backed）：现代的球杆，杆头背部有凹陷的设计。

起扑滚地球（Chip-and-run）：落地后前进路线大部分为地滚球的起扑球。

起扑进洞（Chip-in）：用起扑球将球击打进洞。

关闭（Closed or shut）：球杆杆面或身体瞄准目标方向线右侧。

杆头（Club head）：球杆的一部分，通常是用来击球的部分。

杆头速度（Club-head speed）：在你的球杆碰触到球时，杆头的运行速度。

转身（Coil）：在你上杆时扭转你的上半身，尽量保持下半身静止不动，这种上半身在挥杆时的旋转动作就叫转身。

草痕（Divot）：在草坪上的坑洞。

双柏忌（Double bogey）：在单一球洞击打出超出标准杆两杆的成绩。

左弧球（Draw）：有控制的击球，能使球在飞行过程中先向右后向左。

1号木杆（Driver）：击球距离最远的球杆。

老鹰（Eagle）：在单一球洞低于标准杆两杆的成绩。

右弧球（Fade）：有控制的击球，能使球在飞行过程中先向左后向右。

球道（Fairway）：修剪过的草坪，你将从这个地区开始第二次或第三次的击球。

厚击球（Fatting）：在击打到球之前球杆击打到了过多的草皮。

小心！（Fore!）：如果你的球即将要打到球场上其他的高尔夫球手，你要喊出这句话作为警告。

果岭边缘（Fringe）：在果岭外围比果岭上的草长一点的地带。

保送（Gimme）：一个在比洞赛中使用的术语，一名球手的球距离球洞很近，下杆肯定会入洞，这时，另一名球手自动做出让步。

果岭（Green）：修剪过的有球洞的短草坪。在果岭上你要使用推杆。

握杆（Grip）：你握住球杆的动作或者是在球杆尾部你用来握住的橡胶的部分都叫做握杆。

障碍区（Hazards）：沙坑、溪流、湖泊都是高尔夫球场上的障碍。

优先权（Honour, the）：无论哪个球手在前一个球洞获胜都拥有在下一个球洞开球的优先权。

左曲球（Hook）：球击出后失去控制向左侧旋转的击球。

击球（Impoct）：在挥杆的过程中球杆杆头碰触到球的瞬间。

在目标线内（Inside the Line）：在目标线上你所站立的一侧。

铁杆（Irons）：是你装备的组成部分，标号从3到9。

打点（Laying up）：在球场上为了避开障碍或者策略上的考虑，故意选择较短的球杆打出距离较近的球。

球位（Lie）：用来描述球在地面上的位置。

高吊杆（Lob）：使球在到达球洞的过程中大部分时间是在空中飞行的击球。

杆面斜度（Loft）：球杆与垂直方向形成的角度，这决定了球的飞行方式。

比洞赛（Matchplay）：一种比赛形式，赢得球洞最多的球手就赢得了比赛。

标准握杆（Neutral grip）：一种握杆方法，

可以使双手在挥杆的过程中动作一致，每一只手对球杆的影响都不会大于另一只手。

打开（Open）：杆面或你的身体瞄准目标线的左侧。

界外（Out of bounds）：如果你把你的球击打超出了球场的边界，你就把球击出了界外。

在目标线外（Outside the Line）：与你站立位置相对的目标线的另一侧。

过度挥杆（Overswing）：当球杆在上杆的过程中挥动过度时，就会引起击球的力量的缺失。

旗杆（Pin）：标注球洞位置的旗杆。

果岭上的球痕（Pitch-mark）：当球落在果岭上时在草坪上留下的痕迹。

姿势（Posture）：你相对于球站立的位置；在击球准备时你的身体的姿势。

暂定球（Provisional ball）：如果你认为你正在击打的球可能会丢失，你可以使用第二个球或暂定球。

左拉球（Pull）：向左侧直线飞行的球，飞行过程中球不会旋转。

低飞球（Punch shot）：故意降低球的飞行高度的击球。

右推球（Push）：向右侧直线飞行的球，飞行过程中球不会旋转。

推杆（Push）：在果岭上用来使球在地上滚进球洞的球杆。

判读果岭（Reading the green）：为了推杆准确，你需要"判读"果岭的弯曲度。

释放（Release）：你的上臂和手腕在击球过后的转动。

救球杆（Rescue club）：木杆和铁杆的混合球杆，杆面斜度不大。

粗草区（Rough）：草较长的区域，分布在球道和果岭上。

半粗草区（Semi-rough）：在球道和粗草区之间的区域，这个部分的草比球道上的草长，但是比粗草区的草短。

杆身（Shaft）：球杆上连接握把和杆头的部分。

浅挥杆（Shallow swing）：当杆头在下杆击球的过程中回到球的位置时要平行于地面，而且要在挥杆上升的过程中击打到球。

右曲球（Slice）：球击出后失去控制向右侧旋转的击球。

方正（Square）：这个术语用来描述你的球杆的杆面或你的身体。如果直接瞄准目标线，你的杆面是方正的。当你的肩部、膝盖和脚尖之间的连线都与目标线平行，那么你的身体就是方正的。

站姿（Stance）：在击球准备时，你的双脚分开的宽度以及你要击打的球的位置。

竖直挥杆（Steep swing）：与浅挥杆正好相反，球杆从一个锐角的位置击打到球的后部，这个锐角的角度是指与地面形成的角度。

比杆赛（Stroke play）：一种比赛形式，要比较的是谁在整个一轮的比赛中在整个球场上的击球杆数，杆数最少的球手获胜。

强势握杆（Strong grip）：一种握杆方法，是双手在挥杆的过程中的作用过分突出的握杆方法。

目标线（Target live or ball-to-target line）：从你要击球的位置到球之间想象出来的一条线。

开球台（Tee-box）：在每个球洞标出你要从什么位置开始第一次击球的平坦的地区。

剃头球（Topping）：击中球的上半部分的击球。

两杆进洞（Up-and-down）：在一次推杆之后没能将球击打入洞，而需要一次起扑球、劈起球或沙坑球来救球。通常你要将球击打到十分靠近洞口的位置，给自己留下一个小推杆或保送推杆。

弱势握杆（Weak grip）：一种握杆方法，在挥杆的过程中双手很难发挥作用。

挖起杆（Wedges）：较短的球杆，有不同角度的杆面斜度。

木杆（Woods）：杆头最大的球杆，用来击打远距离球。

扭转痉挛症（Yips）：一种痛苦的神经失常症。高尔夫球手不能用短推杆推球进洞，导致球在草地上不能移动，无法上杆击球也不能做出退步，只能将球打过球洞几米远后再将球打回洞中。

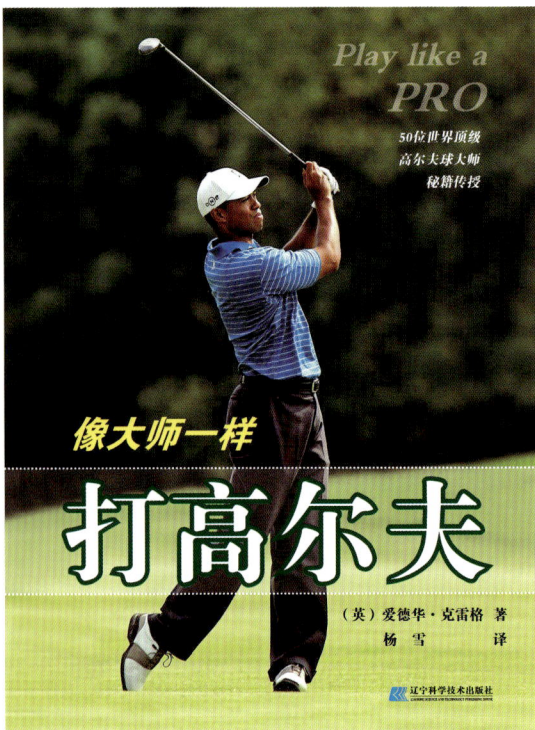

像大师一样
打高尔夫

Play like a PRO

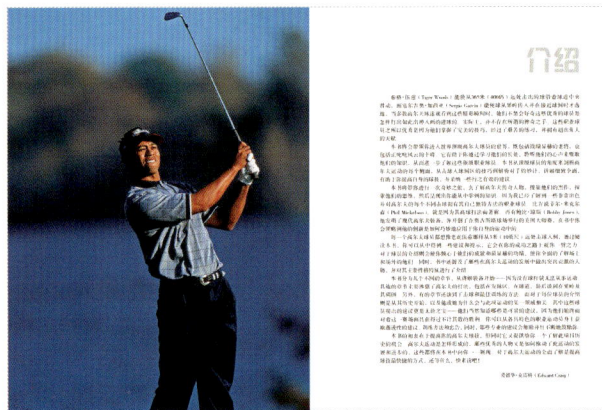

50位世界顶级
高尔夫球大师
秘籍传授

像大师一样
打高尔夫

（英）爱德华·克雷格 著
杨雪 译

辽宁科学技术出版社

- 本书详细介绍了50位世界顶级职业球员从球梯到果岭等各个方面的经验。

- 本书配有详尽的步骤分解图片和动作说明，可逐步提高您的球技。

- 本书涵盖了50位球员的生平和他们辉煌战绩的介绍。

ISBN 978-7-5381-5487-0
开本：195×260mm
页数：128页
定价：68.00元

Play like a PRO

The Golf Doctor
First aid for your game

高尔夫实用技巧
对症图解

（英）爱德华·克雷格 著
郭威 译

辽宁科学技术出版社

高尔夫实用技巧
对症图解

你是否曾经发出左曲球？在距离洞口1米处推杆失误？或者用三号铁杆打出仅仅10米的剃头球？

无论你的水平如何，在一轮比赛中总会不经意的出现各种各样的问题。如此的灰心沮丧会使你打球的兴趣荡然无存，信心受到严重的挫伤。这时，你需要的就是能够应对所有高尔夫症状的快速治疗方案。

《高尔夫实用技巧对症图解》将为你提供球场问题急救方法，使你获得解决任何问题的快速解决方式。此外，本书还为你奉上使你长期受益的练习窍门。你只需要找到自己的问题所在，然后遵循本书的指导方法进行练习，就可以很快得到改进，让你的比赛重获生机。

ISBN 978-7-5381-5485-6
开本： 195×260mm
页数： 128页
定价： 68.00元

The Golf Doctor
First aid for your game